AF348951

A Nord di Santiago

diario di bordo di un naufrago di terra

Matteo Menapace

Ad Andrea de Roma

NOTA DELL'AUTORE

Questo è il racconto del mio viaggio sulla rotta jacobea del Camino de la Costa nella Spagna del nord, iniziato il 10 marzo 2015 e concluso il 21 aprile. 851,8 chilometri a piedi da Irun a Santiago de Compostela, più i 121,2 chilometri del Camino de Fisterra-Muxía, verso l'estremo ponente della Galicia, dove le antiche popolazioni pensavano avesse fine il mondo. Resoconto di un'esperienza personale e intima, si arricchisce d'informazioni pratiche sul percorso, di note paesaggistiche, storiche e popolari, di miti e leggende; diventando un vero e proprio diario di bordo per chiunque si prepari a partire, per quelli che hanno già iniziato il cammino e per quelli che sono tornati.

È una giuda al pellegrinaggio e allo stesso tempo non lo è affatto. È il racconto di un viaggio, che inevitabilmente contiene al suo interno la storia dei luoghi visitati, le curiosità e la descrizione precisa della rotta percorsa; filtrati dalle lenti delle sensazioni provate e scandite dal ritmo serrato dell'avventura di un viaggio, che come ogni viaggio, lascia un segno indelebile nel cuore di chi lo percorre.

CAMINO DEL NORTE O DE LA COSTA

La storia del Camino de Santiago inizia intorno all'anno 813, quando un eremita di nome Pelayo (o Pelagio) è testimone di strani bagliori simili a stelle cadenti provenire dalla sommità del monte Libradón. Venuto a conoscenza dello strano fenomeno, Teodomiro, vescovo di Iria Flavia, comincia gli scavi sulla collina denominata da quel momento *Campus Stellae* (Campo della stella), dal quale deriva l'attuale toponimo di Compostela, portando alla luce l'antico sepolcro in cui erano conservati i resti dell'apostolo Santiago el Mayor (San Giacomo il Maggiore). La notizia del ritrovamento comincia a diffondersi velocemente all'interno del regno e nell'Europa cristiana dell'epoca e il culto dell'apostolo Santiago cresce velocemente, dando inizio ai primi pellegrinaggi verso Compostela, delineando i tracciati delle antiche rotte jacobee via terra.

Ci troviamo in un contesto storico che vede gran parte della penisola iberica soggiogata alla dominazione musulmana che da sud risaliva verso le zone più settentrionali della penisola.

Sulla scia della rapida ascesa del culto all'apostolo Santiago e pienamente coscienti dell'importanza di costruire un'icona in grado di unificare il regno, i re delle Asturias cominciano a incanalare la coscienza anti-islamica nell'immagine di un Santiago guerriero cristiano, simbolo della lotta santa contro il fanatismo degli invasori. Così nell'anno 844, nella pianura di Clavijo, nell'attuale regione della Rioja, il re Ramiro I de Asturias, affronta le truppe saracene di Abderramán II, in chiaro svantaggio numerico. Soltanto l'apparizione dell'apostolo Santiago in sella a un cavallo bianco impugnando una spada infuocata contro i mori, cambierà le sorti dello scontro. L'intervento divino del santo sul campo di battaglia si ripeterà nei successivi scontri per la liberazione del regno, tanto da fargli guadagnare l'appellativo di *Santiago Matamoros*, il santo alfiere raffigurato d'ora in avanti sul dorso di un bianco destriero brandendo la spada in una mano e il crocifisso nell'altra.

Ci vorranno anni prima di liberarsi definitivamente della dominazione saracena, anni in cui la fama del culto all'apostolo Santiago cresce di pari passo con lo sviluppo del pellegrinaggio. In questa cornice si delinea uno dei più antichi percorsi a Compostela: il Camino del Norte o Camino de la Costa, che offriva un passo sicuro a nord dei Picos de Europa lungo il litorale Cantábrico, dove la dominazione musulmana non era ancora arrivata; assorbendo sulla via anche i pellegrini stranieri provenienti dalla vicina Francia carolingia e dalla lontana Inghilterra, che sbarcavano nei porti atlantici del regno per proseguire via terra in direzione di Compostela.

È durante il XII e XIII secolo che la peregrinazione raggiunge il suo massimo apice, convertendosi in un nodo d'unione tra i popoli del vecchio continente, dove il continuo transitare di pellegrini, artigiani, commercianti, produsse un intercambio artistico, culturale e di idee, che influenzerà gran parte dell'Europa moderna. Allo stesso tempo lungo le rotte jacobee vengono costruiti monasteri, infrastrutture dedicate ai pellegrini, ponti per attraversare i corsi d'acqua, *hospitales* per viaggiatori, rendendo sempre più agevoli le antiche vie. È proprio a cavallo del 1139 e il 1173 che si colloca la stesura del documento considerato più importante per la storia e lo sviluppo del pellegrinaggio compostellano: il *Liber Sancti Jacobi* (Libro di San Giacomo), conosciuto anche con il nome di *Codex Calixtinus* in quanto introdotto da un'epistola di papa Callisto II, attribuita dalla tradizione alla penna del chierico franco Aymeri Picaud. In particolare il libro quinto del Codex Calixtinus, meglio noto come Guida del pellegrino di San Giacomo, è forse il testo più studiato e interessante, trattandosi della prima guida scritta al pellegrinaggio jacobeo. Essa contiene undici capitoli che descrivono le tappe verso Santiago offrendo consigli pratici, devozionali e 'turistici' per affrontare il pellegrinaggio.

Con il passare dei secoli il flusso di pellegrini diretti a Santiago comincia il suo declino verso un'inesorabile decadenza. Diversi sono i fattori storici responsabili: la riforma protestante di Lutero che mette in dubbio i valori centrali della fede popolare, la pesta nera che dimezza la popolazione mondiale e le frequenti guerre europee. Solamente verso la seconda metà del XX secolo il Camino de Santiago rinasce sotto l'impulso culturale, artistico, storico e perfino sportivo del tempo. Grande successo ebbero le prime opere letterarie dedicate alla via compostellana come il libro scritto dalla nota autrice Shirley MecLaine che racconta le sue avventure lungo la via di Compostela; oppure il bestseller di Paulo Coelho che spalanca una volta per tutte le porte all'esoterismo e alla visione mistica della lunga traversata. Nessuna data è però importante come il 9 novembre 1982, giorno in cui papa

Giovanni Paolo II lanciò da Compostela un appello divenuto storia: *"Io levo a te, vecchia Europa, da Santiago, un grido d'amore. Ritrova e rendi vigorose le tue radici [...] Gli altri continenti attendono da te quella risposta che San Giacomo diede a Gesù Cristo: Io posso "*.

Nel 1987 il Consiglio d'Europa dichiarò il Camino de Santiago "Primo itinerario culturale europeo" e nel 1993 l'Unesco inserì la grande via Compostellana nei siti Patrimonio dell'Umanità.

1.IRUN - DONOSTIA/SAN SEBASTIÀN
(28,6 km)

La storia delle famose *flechas amarillas*, le frecce gialle che segnano gli itinerari jacobei, risale alla seconda metà degli anni '90 ed è strettamente intrecciata alla mitica figura di Elias Valiña Sanpedro, parroco della diocesi di O'Cebreiro dal 1959 al 1989. Profondo studioso e impegnato promotore del Camino de Santiago, nel 1984, ebbe l'idea di segnare il cammino. Così a bordo del suo vecchio Citroën *"dos caballos"* colmo di vernice *amarillas*, il colore più comunemente usato nella segnaletica dei lavori stradali, partì attraversando il nord della penisola da oriente ad occidente pitturando con le *flechas* il cammino corretto da seguire.

Racconta la tradizione popolare che il parroco, sorpreso dalla guardia civile a pitturare le *flechas amarillas* lungo un famoso passo di frontiera utilizzato dai membri del gruppo terroristico dell'ETA, alla richiesta di spiegazioni su ciò che stava facendo, rispose: *"Sto preparando una grande invasione"*. Non si sbagliava.

Il Camino del Norte o de la Costa inizia ufficialmente nella città di Irun (*61.102 abitanti*), al Puente de Santiago sulla foce del río Bidasoa, confine naturale tra Francia e Spagna e nodo di congiunzione tra la catena dei Pirenei a oriente e la Cordillera Cantábrica a occidente. Siamo nel territorio della Comunidad Autónoma del País Vasco conosciuto in lingua *euskera*, la lingua ufficiale insieme al *castellano*, come *Euskal Herria* (terra della lingua basca) o *Euskadi*, nella provincia di Gipuzkoa (*Guipúzcoa in castellano*).

Il mio personale Camino inizia 3 chilometri a nord di Irun, all'Aeropuerto de San Sebastián, in arrivo dal volo Venezia-Madrid-Hondarribia, il 10 marzo 2015.

Questa prima tappa del Camino del Norte è la perfetta sintesi della fisionomia che caratterizzerà il percorso in terra basca: le foreste boreali delle *cordilleras* sulla costa, le vedute ampie sulle praterie arate dal vento del nord del Mar Cantábrico, le insenature dei fiumi che sfociano nell'oceano lungo le falesie verticali della riva. Anche la presenza umana si riduce ai minimi termini, concentrata soprattutto nelle città di mare lungo la costa come la pittoresca Hondarribia (*Fuenterrabía in castellano, 16.500 abitanti*), adagiata sulla Bahía de Bidasoa-Txingudi, dove comincia il mio personale Camino a Santiago.

Il percorso s'arrampica fin da subito in verticale sulla *cordillera* basca verso l'eremita di Santiagotxo e il Santuario de Guadalupe, in direzione dell'alto del monte Jaizkibel (*525m*). Si è totalmente immersi nella natura agreste fatta di bestiame libero al pascolo, ruderi sparsi sui pendii mangiati dalla vegetazione e qualche avventuriero solitario alla ricerca di emozioni. La sensazione di percorrere la stessa via di terra battuta da migliaia di pellegrini nei secoli passati, ti scaraventa nell'ombelico del mondo, al centro esatto di quel cordone che lega a doppio filo la natura di carne e spirito dell'uomo. In questo senso il percorso diventa simbologia della vita: con l'oceano sconfinato da una parte e la fisicità dell'entroterra dall'altra; mare e terra, spirito e corpo appunto.

Si prosegue tra le colline agresti lungo la linea stretta

della costa ridiscendendo il monte Jaizkibel sul versante opposto. In questo segmento di mondo la vita si è fermata nella resistenza contadina e delle tradizioni alla modernità. È un luogo popolato da vecchi eremiti che seguono ancora le stagioni, contando il tempo guardando il cielo, dove un giorno non è fatto di 24 ore, ma da un sorgere e cal di luna; con facce ramate dal sole del meriggio, dure come noduli d'albero e sagge come le stelle. Terre sfollate di giovani attratti dalla vita cittadina, terre senza un futuro forse, ma piene di speranza.

Sulla via che ridiscende verso il municipio costiero di Pasaia (*Pasajes in castellano*) disteso sull'omonima ría, che divide le due popolazioni marittime di Pasai Donibane (*Pasajes de San Juan in castellano, 2.372 abitanti*) sulla riva di levante e Pasai San Pedro (*Pasajes de San Pedro in castellano, 2.781 abitanti*) a ponente, un vecchio m'informa della possibilità di aggirare i 98 scalini di pietra che in verticale risalgono il monte Ulia (*234m*) seguendo la *carretera* asfaltata, molto più rapida e semplice, ma fuori dall'itinerario classico.

Finalmente arrivo a Pasai Donibane: porto di mare colorato spazzato dal vento del nord. Il mio primo incontro vero con l'oceano infinito. Le urla dei gabbiani riempiono il silenzio dei vecchi barcaioli e pescatori di mare, vento nel sangue e salsedine nel cuore, che osservano il porto naturale formato dalla foce della ría de Pasajes al suo incontro con il Cantábrico. Lo attraverso da sponda a sponda su un traghetto lasciandomi cullare per un breve istante dalla sinfonia pacata delle onde. A Pasai San Pedro decido per i 98 scalini che si arrampicano verso il Faro de la Plata, 98 scaglie di serpente attorcigliate verso il cielo. E più risalgo più le cose di sotto si rimpiccioliscono, mentre il mare solo s'ingigantisce fino a coprire l'orizzonte. Superato il faro ricomincia le quiete dei sentieri poco battuti, dove il saluto diventa un segno di condivisione tra le persone. Il canto del mare e il gracchiare dei gabbiani s'affievoliscono fino a scomparire man mano che ci s'inoltra nella selva del Paseo de Ulía, sull'omonima montagna ai cui piedi sorge il capoluogo della provincia. Poco meno di 6 chilometri a Donostia-San Sebastiàn (*185.510 abitanti*), sulla foce del río Urumea, dove comincia la ridiscesa.

Intravedo la civiltà dall'alto. La spio silenzioso tra le fronde degli alberi, mentre il rombo dei motori e la voce dei clacson diventano sempre più insistenti. A Donostia è la civiltà che ritorna. Più ne sono immerso più divento un numero, e il saluto non è più cosa della gente.

ALBERGUES

IRUN
Albergue de peregrinos Irun
Address: Lucas de Berroa, 18, 1º derecha
Beds: 26
Phone: +34-640-361-640

Capitan Tximista
Address: Barrio Jaizubia 14 - Goikoerrota
Price: 15 €
Phone: +34-943 643 884

PASAI DONIBANE
Albergue de peregrinos Santa Ana
Address: Ermita de Santa Ana. Donibane, 1.
Beds: 14
Phone: +34-943-526-461

DONOSTIA/SAN SEBASTIÀN
Albergue de peregrinos Ikastola Jakintza
Address: Calle de la Escolta Real, 12
Beds: 50

Urban House
Address: Plaza de Gipuzkoa, 2
Price: 13 €
Phone: +34 943-428-154
Email: urbanhousehostel@gmail.com

02. DONOSTIA/SAN SEBASTIÀN - ZARAUTZ (19,6 km)

Sei di sera. Giornata grigia. Il tramonto oggi è cominciato di mattina come se il giorno avesse saltato un giro d'orologio dimenticando il proprio dovere di sorgere, risplendere e calare. Dietro la corazza densa e spessa delle nuvole il sole è come una lampadina con uno straccio sopra, pallida e lontana, sufficiente solo a illuminare quello spicchio di giorno quel tanto che basta per non diventare notte, per permettere di vedere oltre un palmo di naso; presenza minima e indispensabile, senza sforzo, come quella di un lavoratore pigro che aspetta il suono della sirena per andare a riposare.

Qui sul promontorio Talaimendi dove si trova il Camping Grande Zarautz, i poli di questo viaggio appena nato convergono diventando allo stesso tempo: punto d'arrivo e riparo, punto di riflessione e punto di partenza per la tappa successiva. Presente, passato e futuro su di un'unica linea di fuga. Volgendomi a est del promontorio il mio sguardo ripercorre l'intero perimetro di costa che la foschia della sera cancella in lontananza e ho l'impressione di riconoscere come cosa mia ogni spruzzo di spuma che s'infrange sulla costa, ogni venatura bluastra del mare, ogni livido sugli scogli; come qualcosa di già visto, di familiare; da Irun inizio del cammino fino a qui. Nella direzione opposta la città di Zarautz (*Zarauz in castellàno, 22.402 abitanti*) è la strada ancora da percorrere.

Le prime notizie certe sulle sue origini risalgono al 1237

quando ricevette il titolo di Villa e concesso lo status di Fuero col quale si stabilivano i confini del territorio, i privilegi e gli obblighi della comunità. La popolazione era tradizionalmente dedita alla pesca, in particolare alla caccia alle balene in autunno all'epoca del passaggio migratorio di questi cetacei nelle acque del golfo di Biscaglia. La tradizione marinara continuò fino al XVI secolo, quando la popolazione cominciò a dedicarsi all'agricoltura e ad altre attività industriali, diventando nel tempo metà di turismo grazie anche ai soggiorni estivi che la regina Isabella II prese l'abitudine di fare per passare un periodo di riposo insieme al suo seguito di aristocratici e personalità dell'epoca.

Si stende placida come un vecchio spiaggiato al sole, Zarautz e la sua fetta d'oceano, quasi una Rimini basca fatta di palazzoni a più piani, alloggi per surfisti e bagnanti, dai lineamenti di meta balneare estiva che muore d'inverno, circondata da un campo da golf e chilometri lunghissimi di bagnasciuga.

Il percorso da Donostia-San Sebastiàn fino a qui è stato un alternarsi di bosco e terra battuta, lente strade asfaltate nella campagna desolata, colline ingiallite d'erba secca come campi di grano pronti alla mietitura e percorsi costieri. Da Donostia-San Sebastiàn si comincia a salire attraversando un segmento di bosco sul monte Igeldo (*185m*), situato sul lato occidentale della Balìa de la Concha, che poco a che fare con il paesaggio agreste della prima tappa. È l'inizio di una nuova *cordillera* costiera che comprende tre piccole cime: il monte Igeldo appunto, Mendizorrotz (*414m*) e Kukuarri (*367m*) che si stende per una quindicina di chilometri fino a terminare sul fiume Oria.

Qui si respira l'odore del muschio tra la vegetazione fitta di rampicanti, cespugli di rovi e bambù. I colori dell'autunno resistono alla primavera che avanza nei primi ciuffi di primule che fanno capolino dal terreno, nelle fragole selvatiche e cinguettii di merli. Incastonato da foreste nebulari il percorso si snoda oltre la periferia della grande città e l'oceano solcato da impavidi surfisti mattinieri scompare nel verde silenzioso. Oceano immenso che però mai mi abbandona, diventando la mia rotta, la stella polare da seguire.

Dopo pochi chilometri incontro il primo punto di ristoro per pellegrini del percorso. È un avamposto sul ciglio della strada composto da due sedie, un tavolino sul quale sono disposte alcune bottiglie di acqua potabile e un altro vicino con il timbro per la credenziale e alcuni fogli informativi sul cammino. Sul muro dietro è inchiodata una *concha* con una freccia *amarilla* a indicare la direzione e poco distante sempre in *amarillo* la scritta *"A Santiago 795 km"*. È rassicurante sapere che in qualche misura ci sia qualcuno che abbia a cuore il destino d'altri, seppur con gesti semplici dimostra la propria empatia come una presenza silenziosa, quasi un angelo custode che mai si rivela, ma sempre presente. Meno rassicurante la quantità di chilometri ancora da percorrere.

Ricomincio la marcia. Metto le cuffie alle orecchie e attacco la musica, cerco un paliativo per attenuare il peso dello zaino che ogni passo mi sega in due le spalle. Musicoterapia fai da te.

La campagna dell'entroterra domina il paesaggio fino ai pressi di Orio (*5.026 abitanti*) dove comincia la ridiscesa.

Le case del "Goiko Kale", il *casco antiguo*, sono di origine medievale risalenti al XII secolo, costruite in pietra arenaria ben lavorata, dai balconi colorati che s'affacciano sulle vie strette in declivo, su gradoni e strade selciate. Tutto gioca a dare l'impressione di un passato permanente. Mi fermo per un momento a Casa Arteta, l'*Albergue de peregrinos* di Orio, per scambiare qualche parola con qualcuno che mi possa rispondere, non ho ancora incontrato nessuno lungo tutto il tragitto e il dialogo interno con me stesso comincia a essere a corto di argomentazioni. Esce una signora di una certa età, dai lineamenti dolci, le chiedo se ha visto passare altri pellegrini in questi giorni, mi risponde che sono il primo, è bassa stagione. Intravedo all'interno della casa una tavola imbandita e un profumo invitante esce dalla cucina spandendosi nel patio, provo ad approfittarne, le chiedo se è sola e se conosce un posto in paese dove mangiare. Mi risponde che a Orio troverò sicuramente qualcosa da mangiare, faccio l'ultimo tentativo e le dico che sono veramente affamato e stanco, e che da questa mattina non metto niente nello stomaco. Non funziona, non insisto. Discendo verso il cuore del paese.

L'oceano s'insinua fin dentro l'entroterra come una spina dividendo in due lembi di terra la geografia della costa. È qui che il río Oria, il più grande fiume di Gipuzkoa, nato a Puerto de San Adrián, a 660m di altitudine, termina la sua corsa per abbracciare le acque salate del Mar Cantábrico. Nell'antichità prima che fossero costruiti ponti per collegare via terra le due rive, chi arrivava a Orio poteva attraversare il río soltanto a bordo di un'imbarcazione, oggi invece le barche dormono abbandonate sulla superficie dell'acqua ancorate al fondo del piccolo molo. In questo paese di mare dal sapore medioevale, agricoltura e allevamento hanno sorpassato di gran lunga pesca e attività marittima.

Superato Orio sono solo altri 6 chilometri di frecce *amarillas* fino a Zarautz.

In fondo, in una certa misura, noi tutti seguiamo una direzione data credendo di percorrerla liberamente e ogni giorno ci alziamo sapendo che dovremo seguirla, come una freccia *amarilla* che ci indica il cammino, senza mai fermarsi, fino alla fine. Ogni sosta che ci prendiamo è un sospiro tra un respiro e l'altro, ogni esperienza veramente vissuta, un momento che il respiro te lo mozza.

ALBERGUES

ORIO
Albergue de peregrinos San Martín
Address: Casa Arteta
Beds: 20
Phone: +34-617-118-689

ZARAUTZ
Gran Camping Zarautz
Address: Barrio de Talaimendi
Beds: 14
Price: 5 €
Phone: +34-943-831-238

Albergue público Zarautz
Address: Zumalakarregi, 16
Beds: 50
Phone: +34-943-830-990

03. ZARAUTZ - DEBA (23,4 km)

Nel libro primo del *Codex Calixtinus* è contenuto uno dei sermoni più noti riguardante la tradizione liturgica jacobea, i simboli e i riti del Camino e dei pellegrini che si preparavano a percorrerlo: la *Veneranda Dies*. Secondo il documento tre erano gli oggetti imprescindibili di ogni pellegrino: il *zurrón* (bisaccia), il *bordón* (bordone) e la *concha* (conchiglia marina), simbolo di ogni rotta jacobea. La bisaccia era un sacchetto di pelle privo di legacci e di piccole dimensioni che simboleggiava la fiducia che il pellegrino poneva nel Signore portando con sé solo un'esigua scorta di viveri; la quale doveva essere tenuta sempre aperta a testimoniare le doti di carità e altruismo che ogni pellegrino doveva possedere. Il bordone, il bastone che accompagna la lunga traversata, simboleggia la fede nella Trinità e la perseveranza.

Da sempre ritenuta sia simbolo di 'rifugio', il guscio naturale che ripara dalle avversità e conduce alla vita ritirata e meditativa, che di fecondità, la *concha* assume diverse connotazioni all'interno dell'iconografia compostellana: è il distintivo che rende peculiare lo status di pellegrino, è un amuleto contro la sfortuna, un recipiente per bere, uno strumento dotato di poteri soprannaturali capace di guarire gli ammalati. Nei secoli medievali, inoltre, è testimonianza di pellegrinaggio effettuato, in quanto la *vieira* (*concha gallega*) si poteva trovare solo sulle coste della Galicia. Il termine *vieira* deriva dal latino *veneria* ed è strettamente relazionato con *Venus* (Venere), la dea romana dell'amore e della bellezza che sorge dalle acque del mare sopra una *concha de vieira*.

L'abito del pellegrino consisteva in una veste ruvida all'insegna della mortificazione della carne, mentre il capo era protetto da un largo cappello cui veniva appuntata la conchiglia in segno dell'avvenuto pellegrinaggio.

Il percorso da Zarautz fino a Zumaia (*Zumaya in castellano, 9.483 abitanti*) offre al pellegrino una via alternativa a quella classica: la variante lungomare sull'*autovía N-634* che segue il profilo dell'oceano accorciando il chilometraggio e abbattendo il dislivello del percorso interno. Io scelgo la via antica, all'apparenza più difficile con i suoi sali e scendi, ma sicuramente più vicina alla natura e alla quite delle campagne che la strada asfaltata.

Da Zarautz si risale quindi verso l'alto sul colle Sta Barbara attraverso un sentiero ciottolato di pietre grotte che s'infila tra le vigne dove si coltiva l'uva per produrre il famoso *txakolin* (*chacolí in castellano*): un vino bianco frizzante, dal colore giallo paglierino e dal sapore fresco, leggermente acidulo. È in questo lembo di terra nella fascia costiera tra Zarautz e Getaria che si concentra la maggior produzione di *txakolin* sotto la Dominazione di Origine Getariako Txakolina (*Txakoli de Getaria in castellano*), la prima varietà a ricevere la certificazione DO nel 1989.

Raggiunta la cima del colle Sta Barbara si sovrasta dall'alto il paesino medioevale di Getaria (*Guetaria in castellano, 2.585 abitanti*), uno dei più antichi della provincia e che insieme a Deba costituivano nell'antichità un'importante porta d'ingresso per chi arrivava via mare a percorrere il Camino de la Costa.

Getaria si srotola come un tappeto sul Golfo di Biscaglia per poi risalire sul piccolo promontorio di San Antón, volgarmente conosciuto con il nome di *Ratón de Getaria*, che testardo riempie lo sfondo e sembra nascere direttamente dal mare. In cima a quell'iceberg di terra alto svetta il faro, guardiano silenzioso dell'infinito. Solo una sottile lingua di terra unisce paese, porto e promontorio in un unico agglomerato.

Si continua risalendo nuovamente in direzione di Askizu, tra le distese sconfinate di vigneti e sentieri antichi fino ad arrivare alla parroquia de San Martìn de Askizu, dove per caso incontro Joaquin, un signore basco sui settant'anni dagli occhi gentili e il sorriso onesto che decide di accompagnarmi lungo gli ultimi chilometri che mi separano da Zumaia. Mi racconta dell'esistenza di una piattaforma petrolifera al largo della costa esattamente a 42 chilometri nell'oceano che è possibile vedere in lontananza nelle giornate limpide, raggiunta frequentemente dalle imbarcazioni che partono dal cantiere navale di Zumaia per operazioni di riparazione e manutenzione. Parliamo anche della questione dell'*euskera*, la lingua basca. Joaquin si ricorda bene di come durante il regime franchista la lingua venne vietata e chi la parlava perseguitato, portando l'*euskera* sull'orlo dell'estinzione. Solo verso la fine degli anni '60 la lingua basca comincia a rinascere, con la fine della guerra civile nascono le prime scuole legalizzate di *euskera* e con l'arrivo della democrazia la lingua basca riprende finalmente la sua co-ufficialità nei Paesi Baschi ritornando ad essere uno dei caratteri distintivi di maggior importanza della comunità.

Scendiamo lungo la sponda orientale del fiume Urola e attraversato il ponte che collega le due rive siamo all'ingresso di Zumaia. Joaquin mi porta a visitare il magazzino di canoe della squadra di canoisti del paese al lato del cantiere navale, a suo dire una delle più formidabili squadre di Spagna. L'interno è pieno d'imbarcazioni di ogni lunghezza, forma e tipologia stipate una sull'altra o appese al soffitto. Poi finalmente ci fermiamo in una taverna a mangiare *pintxos (pinchos in castellano)*, tipici stuzzichini a base di pesce, carne o verdura simili alle *tapas*, e bere *txakolin*. Il vino si versa a una certa distanza dal vaso, in una forma che ricorda la maniera di servire il sidro, permettendo la formazione della spuma. Tra un sorso e l'altro scopro che Zumaia è famosa per i *flysch*, delle conformazioni rocciose composte da una alternanza tra strati di roccia dura e roccia friabile, che racchiudono più di 60 milioni di anni di storia geologica, modellate dall'incessante azione del mare sulla costa. Lo spettacolo è incredibile e merita la pena affacciarsi sul litorale fino all'eremita di San Telmo o la spiaggia di Itzurun per ammirare da vicino il tesoro geologico dalla costa, meta di geologi e turisti da tutto il mondo. Millefoglie di roccia verticale che spaccano in due la montagna e colano a picco nell'oceano come gli strati di cera di una candela consumata, fino a incontrare la *rasa mareal* sul fondo, la piattaforma rocciosa costiera conseguenza dell'erosione delle onde, visibile solamente quando la coperta del mare si ritira.

L a *rasa mareal* tra Zumaia e Deba (*Deva in castellano, 5.430 abitanti*) è uno dei segmenti più spettacolari della costa basca e il cammino ci permette di assistervi per un breve tratto per poi perdersi nell'infinito verde dell'interno fino al *barrio* rurale di Itziar, punto più elevato della tappa con i suoi 400 metri di altitudine, reso famoso dalla presenza del Santuario de Nuestra Señora de Itziar che custodisce al suo interno una delle sette vergini nere di Gipuzkoa.

Da qui fino a Deba è un continuo sali scendi che culmina con l'arrivo sulle sponde del río Deva dove sorge l'omonimo paese, destinazione finale della tappa.

ALBERGUES

ZUMAIA
Albergue Convento de San José
Address: San Jose kalea, 1
Beds: 25
Phone: +34-600-280-375

DEBA
Albergue de peregrinos Deba
Address: Plaza de Arakistain, s/n (Estación del Ferrocarril)
Price: 5 €
Phone: +34-943 19 24 52 (Oficina de turismo de Deba)

04. DEBA - MARKINA/XEMEIN (24 km)

La spiaggia di Deba e il suo porto saranno l'ultima cartolina del litorale basco fino alla frontiera con la Cantabria, il percorso si sposta decisamente verso l'interno montagnoso e boscoso, abbandonando definitivamente la Gipuzkoa costiera ed entrando nella Bizkaia rurale. Anche questa volta il cammino offre due possibilità: risalire il río Deba lungo la via verso Sasiola oppure seguire la variante del Calvario fino ad Aparain ai piedi del monte Arno dove i due percorsi si ricongiungono. Io scelgo la seconda opzione. Si tratta di uno dei rami più duri e allo stesso tempo più solitari del Camino del Norte, dove l'assenza di civiltà è proporzionale alle bellezze della natura nella quale ci si immerge.

Però non sono più solo, all'*Albergue de peregrinos* di Deba la notte scorsa ho incontrato il primo pellegrino del percorso: è un ragazzo italiano di 23 anni, si chiama Andrea, è di Roma. Percorreremo insieme varie tappe del cammino, lasciandoci per poi ritrovarci, fino alla fine del percorso.

La temperatura si è abbassata bruscamente, il manto verde del bosco rilascia lentamente l'umidità accumulata dalla pioggia notturna sotto forma di vapore che un vento veloce spazza verso orizzonti lontani. Il paesaggio non è mai banale, bosco e campagna si scambiano a turno i ruoli sul copione del paesaggio, mentre le piantagioni di eucalipto svettano sulla vegetazione intorno come dita sottili protese verso il cielo a riempire l'aria con il loro profumo. A tratti tra le fila serrate degli alberi si apre una porzione di mondo allo sguardo di sotto, una finestra di cielo sull'orizzonte di vallate verdissime, come la Valle de Olatz, chilometri di natura idilliaca da contemplare. È proprio in uno di questi scenari, ai piedi del monte Gorostolamendi (*488m*), che, senza nemmeno accorgersene, si attraversa la frontiera entrando nel territorio di Bizkaia (*Vizcaya in castellano*).

Camminare è pensare. Quanto aveva ragione chi disse che *"pensiero è movimento"*; lo sento scorrere fluido e preciso quasi fosse una sensazione fisica, qualcosa di tangibile, in accordo ai chilometri che le mie gambe percorrono. Il pensiero diventa la mia nuova realtà. Immagino i pellegrini del passato percorrere lo stesso tragitto, spinti da solidi ideali e motivazioni profonde, affrontando pericoli e difficoltà di ogni genere: insomma un'avventura vera e mi sento incomodo nei panni di questo appellativo che ora sento cucito addosso con insistenza. Lo zaino che porto sulle spalle è più eloquente di qualsiasi parola: sono un pellegrino sul Camino de Santiago, riconoscibile nelle intenzioni a chilometri di distanza. Divento uno stereotipo in carne ed ossa. Invece io non faccio altro che camminare registrando ciò che i miei occhi vedono e la mia mente pensa, senza una motivazione precisa, senza una ideologia se non quella di viaggiare. Non è una gara o una corsa verso una meta assoluta, nemmeno sono alla ricerca di Dio o di me stesso (se mai ci fosse una differenza), o meglio ne sono sempre alla ricerca durante tutta la vita. C'è un dove, un quando, un chi e un come; semplicemente non c'è un perché.

Da un sentiero ramato di aghi di pino portati dal vento

si discende finalmente verso l'antica città medioevale di Markina-Xemein *(Marquina-Jeméin in castellano, 4.897 abitanti)*, il primo paese vizcaìno sul cammino Jacobeo. Ricomincia la civiltà. Dalle montagne che circondano Markina si estrae il marmo nero, una varietà molto ricercata, che a quanto mi racconta un operaio del posto, una volta estratta la materia grezza viene trasportata a Milano per le operazioni di pulizia e taglio per poi tornare a Markina da dove verrà distribuita in tutta Europa.

All'ingresso del paese s'incontra l'eremo di San Miguel de Arretxinaga, un curioso edificio esagonale che ospita al suo interno tre rocce gigantesche di oltre 40 milioni di anni, addossate una sull'altra, formando una piccola cappella che racchiude come i petali di un bocciolo la statua dell'Arcangelo San Miguel che tende la mano.

ALBERGUES

MARKINA/XEMEIN
Albergue Markina
Address: Calle del Carmen, 5
Beds: 28
Phone: +34-687-529-627

Albergue Augusto
Address: Okerra kalea, 24.2
Price: 12 €
Phone: +34-667 967 555

05. MARKINA/XEMEIN - GERNIKA/LUMO (24,8 km)

"Gernika è il paese più felice del mondo. Le sue questioni sono discusse da una giunta di cittadini che si riuniscono sotto una quercia e sempre prendono le decisioni più giuste"

Così il filosofo Jean Jacques Rousseau scrive di Gernika (*Guernica y Luno in castellano, 16.442 abitanti*) riferendosi alla *Gernikako Arbola*, la quercia di Gernika, dove sin dal medioevo si riuniva l'Assemblea di Bizkaia i cui membri provenienti da tutti i Paesi Baschi, s'incontravano per discutere problemi e prendere decisioni riguardanti l'intera comunità, svolgendo una forma diretta di democrazia, sino al 1876. La quercia è diventata perciò un simbolo delle tradizionali libertà del popolo basco, raffigurata sullo stemma araldico di Bizkaia e di conseguenza sugli stemmi di molte delle sue città. *Gernikako arbola* diventerà successivamente nel 1853 anche il titolo di una canzone dal poeta e musico basco José María Iparraguirre, che celebra l'albero e la libertà dei Paesi Baschi.

La lista dei *Gernikako Arbola* conosciuti, che formano una dinastia è formata da: *il capostipite*, piantato nel XIV secolo, che visse 450 anni; *l'albero vecchio* (1742-1892), ripiantato nel 1811, il cui tronco è conservato nel giardino circostante la Casa de Juntas; *il terzo* (1858-2004), ripiantato nel 1860, sopravvisse al bombardamento di Guernica del 1937, ma fu stroncato da un fungo e *l'attuale* (1986-oggi), una delle querce nate dal precedente, ripiantato il 25 febbraio 2005. Differenti esemplari di quercia che si sono succeduti e si succederanno nel tempo, come l'anima dell'*Euskal Herria* che si trasmette di generazione in generazione.

Gernika-Lumo è però famosa a livello mondiale grazie a "*Guernica*", il quadro più famoso di Pablo Picasso, il quale impegnato alla realizzazione di un'opera che rappresentasse la Spagna all'Esposizione Universale di Parigi del 1937, decide di raffigurare su tela il bombardamento avvenuto il 26 aprile 1937 da parte dell'esercito tedesco durante la Guerra Civile Spagnola che rase al suolo la città, trasformando l'opera in un simbolo universale contro le atrocità delle guerre.

Oggi è il primo giorno di pioggia violenta. Belém, la *dueña* dell'Albergue Augusto dove ho passato la notte, si offre di accompagnare me e Andrea de Roma in macchina fino a Mendata, distante pochi chilometri da Gernika-Lumo, dove comincia la strada asfaltata che prosegue fino a destinazione. Accetto il passaggio, ma solo fino a Bolibar (*Bolívar in castellano, 396 abitanti*) 5 chilometri appena fuori Markina-Xemein. Belém è la figlia di Augusto, il fondatore dell'omonimo Albergue di Markina, che dopo la morte del padre si è ritrovata da sola a gestirlo. È un personaggio fuori dagli schemi come gli ospiti che popolano l'Albergue, per lo più operai dei cantieri di marmo nero, che vengono a riposare alla fine del proprio turno. Si presenta a prenderci vestita di un rosa fosforescente che la fa assomigliare a una *nana* di Niki de

Saint Phalle. Saliamo in macchina. Belém affronta la prima rotatoria in derapata tirando il freno a mano, a tutta velocità. Scambio un'occhiata con Andrea sul sedile posteriore, poi lei si volta, mi fa l'occhiolino e pigiando il piede sull'acceleratore dice *"io faccio gare di rally"*. Mi affeziono subito, ha un carattere di fuoco e l'energia di mille persone, ma allo stesso tempo possiede la gentilezza spontanea e semplice di un bambino. Quando arrivo a Bolibar mi dispiace doverla lasciare.

Questa è una tappa densa di storia e Bolibar è uno dei capitoli di quella storia. Il paese è legato direttamente alla figura di Simón Bolívar el Libertador, eroe della lotta all'indipendenza di vari paesi dell'America Latina, grazie a un antenato diretto conosciuto come Simón de Bolíbar el Viejo, che a metà del XVI emigrò da Bizkaia verso le Americhe. Nel Museo Simón Bolívar, inserito all'interno del casale Errementarikua, è possibile rivivere la traiettoria storica e personale del Libertador.

Seguendo il percorso attraverso un sentiero ciottolato che si arrampica in salita, si arriva all'antica Colegiata de Ziortza (*chiamata anche Colegiata de Zenarruza, de Cenaría o de Cenarruza*), un complesso religioso unico in Euskadi, un nuovo tassello nella storia del Camino Jacobeo della costa. La leggenda racconta che il giorno dell'Assunzione dell'anno 968, durante la celebrazione della messa nella chiesa di Santa Lucía de Garay a Gerrikaitz, un'aquila piombando dal cielo afferrò un teschio da una tomba aperta e lo lasciò cadere a Ziortza. Il fatto venne interpretato come un segnale inequivocabile che in quel luogo dovesse essere costruita quella che oggi conosciamo come la Colegiata de Ziortza.

Al suo interno si fondò nel 1386 un *hospital de*

peregrinos, che già in tempi remoti accoglieva i pellegrini di passo verso Santiago de Compostela, come continua a farlo tutt'ora.

Ora il cammino s'addentra nei boschi di Gorontzugarai, dove si raggiunge il punto più alto di questa tappa con i suoi 400 metri circa d'altitudine. Qui il percorso sembra riprendere il filo del discorso lasciato il giorno prima, come un prolungamento naturale che ti catapulta nuovamente nel paesaggio rurale basco. Ho davvero l'impressione di navigare nella nebbia come un naufrago di terra, mentre la pioggia spinta dal vento cade in orizzontale. La ridiscesa a valle per lunghi tratti assomiglia molto più al canyoning che al trekking; il sentiero è diventato valvola di sfogo per l'acqua piovana come una grondaia naturale che ridiscende la montagna fino al piccolo borgo ciottolato in marmo nero di Munitibar (*423 abitanti*). Da qui in poi il paesaggio rurale della montagna lascia il posto a una costellazione di piccoli borghi e paesi rustici che gravitano intorno a Gernika-Lumo, mentre il percorso s'intreccia con il rio Golako che la pioggia ha ingrossato fino a farlo traboccare dal suo letto naturale rendendo il sentiero quasi impraticabile. È davvero una benedizione ritrovare la strada asfaltata e uscire dal guado. Sono all'altezza del *barrio* di Arratzu, dove la spettacolare chiesa di San Tomas edificata nel 1530, troneggia dall'alto la valle incastonata in un paesaggio antico fatto di silenzi. Il luogo perfetto per una sosta del corpo e dell'anima. Poi, finalmente, Gernika.

ALBERGUES

ZENARRUZA
Albergue de peregrinos Monasterio de Zenarruza
Address: Zenarruza
Beds: 11
Phone: +34-946-164-179

MENDATA
Albergue Municipal Idatze Etxea
Address: Elexalde, 7
Beds: 36
Phone: +34-946-257-204

GERNIKA-LUMO
Albergue Juvenil Gernika (Aterpetxea Hostelling International)
Address: Kortezubi Bidea, 9
Price: da 15 € a 17 €
Phone: +34 944 65 07 75

06. GERNIKA/LUMO - BILBAO (36,2 km)

Parto nel tepore delle prime luci mattutine, avvolto nella nebbia che attutisce ogni sensazione, appiattendo l'orizzonte e soffocando le timide tracce di azzurro che cercano spazio oltre la foschia. Dietro me lascio un pezzo di storia recente spagnola e anche un pezzo del mio cuore si è fermato per sempre tra i viali ciottolati e i portici di Gernika. Cominciata la marcia lungo i 29,8 chilometri che mi porteranno a Bilbao (*352.700 abitanti*), capoluogo della provincia di Bizkaia, una frase mi s'inchioda nella mente, come un mantra che si ripete all'infinito tra le corde vocali del mio pensiero: *"Il mantenimento della pace inizia con l'autosoddisfazione dell'individuo"*. È la massima del Dalai Lama con cui si apre la visita al Museo della Pace di Gernika. In qualche modo mi è rimasta impigliata nell'anima, incastrata nella rete dei ricordi senza via d'uscita e più la ripeto a me stesso, più mi sembra di comprenderla a fondo. La felicità come antidoto alla violenza, condizione necessaria e indispensabile alla pace tra i popoli.

Il primo tratto del percorso risale verso il monte Aretzabalaga (*372m*) attraverso fitte piantagioni di eucalipto che cambiano pelle lastricando il sentiero di corteccia morta e foreste di abeti dove risuona il concerto del picchio. È strana la sensazione di libertà totale che sento. La solitudine in questi luoghi non appartiene all'uomo. È la stessa sensazione che si prova osservando il quadro *"Viandante sul mare di nebbia"* del pittore tedesco Caspar David Friedrich, non un senso di solitudine, ma di libertà quasi carnale. E così mi sento quando il panorama si apre sulle pieghe delle montagne per chilometri davanti a me, come corpi silenti emergono alti dalla spuma della nebbia lottando tra l'essere e il divenire. Onde di terra nella bruma; qui sulla terraferma la tempesta è atto infinito di quiete.

Mi scordo delle ore, dei giorni, delle mete; senza l'assillo del tempo e la preoccupazione di trovare un posto sicuro dove dormire, la mia mente comincia a viaggiare e il mio cervello si è spostato nelle scarpe. Lo zaino che porto sulle spalle è la mia seconda casa, un guscio di lumaca con dentro solo l'indispensabile e tutto il necessario per dormire all'aperto.

Superata la montagna si ridiscende verso la Valle del Txorierri, dove in fila indiana, sulla linea retta della strada asfaltata s'incontrano rispettivamente i paesi di Larrabetzu (*1.877 abitanti*), Lezama (*2.443 abitanti*) e Zamudio (*3.194 abitanti*).

Qui il carattere agreste del paesaggio prova a resistere all'onda urbana del capoluogo basco più popolato della Provincia, che si espande.

La questione basca dell'indipendenza è un leitmotiv che unisce a doppio nodo paese dopo paese. Il Partito Nazionalista Basco nacque nel 1895 ad opera di Sabino Arana, però affonda le sue radici già agli inizi del XIX secolo quando vengono meno le tradizionali relazioni tra le province basche e la corona spagnola garantite dai *fueros*, privilegi concessi dai re di Castiglia, in base ai quali i baschi potevano godere di un certo grado di autonomia.

L'ideologia del partito si basava sul concetto di superiorità della razza basca rispetto alle altre popolazioni spagnole ed è proprio sull'onda di questa ideologia che alcuni giovani nazionalisti fondarono nel 1959 il gruppo separatista ETA, con l'obbiettivo si raggiungere l'indipendenza del paese attraverso la lotta armata. Siamo sotto il regime franchista, quando la lingua basca viene proibita e gli esponenti del partito nazionalista costretti a vivere nella clandestinità o all'espatrio. Sarà solo con il ritorno della democrazia in Spagna nel 1978 che i Paesi Baschi ottengono un'ampia autonomia, con un grado di autogoverno mai precedentemente raggiunto. Ciononostante il raggiungimento dell'indipendenza per la costituzione di uno stato libero rimane uno dei temi focali dei Paesi Baschi.

Da Zamudio si risale fino alla cima del monte Avril. Bilbao si staglia di sotto silenziosa e tranquilla come un corpo che dorme sulle acque della ría de Bilbao che divide in due la città e finalmente sono a destinazione.

ALBERGUES

LEZAMA
Albergue de Lezama
Address: Garaiotza Auzoa, 133
Beds: 20
Phone: +34-687-529-627

BILBAO
Albergue de peregrinos Bilbao
Address: Kobetas, 60
Beds: 25
Phone:+34-687-529-627

Botxo Gallery Youth Hostel
Address: Avenida de las Universidade, 5
Price: 6,45 €
Phone: +34 944 13 48 49

07. BILBAO - POBEÑA (26,5 km)

"[...] Moloch il cui orecchio è una tomba fumante! Moloch i cui occhi sono mille finestre cieche! Moloch i cui grattacieli si ergono nelle lunghe strade come innumerevoli Geova! Moloch le cui fabbriche sognano e stridono nella nebbia! Moloch i cui fumaioli e antenne coronano le città! [...] Moloch! Moloch! Appartamenti robot! sobborghi invisibili! tesori di scheletri! capitali cieche! manifatture diaboliche! [...] Si sono rotti la schiena per sollevare Moloch al Cielo! Pavimenti, alberi, radio, tonnellate! sollevando la città al Cielo che esiste ed è dappertutto attorno a noi! [...]"

Prendo a prestito questi pochi versi sparsi tratti dall'opera *"Howl"* del poeta americano Allen Ginsberg per descrivere il tratto di cammino che separa Bilbao da Portugalete (*47.117 abitanti*) appartenente alla comarca del Gran Bilbao. Sulla maggior parte delle guide al Cammino del Norte che mi sono passate sotto gli occhi è spesso consigliata come opzione quella di percorrere la tratta in bus, data la scarsa rilevanza estetica del percorso. Però la grande periferia industriale non fa forse parte della storia, dell'economia e della vita quotidiana di un paese e delle persone che lo abitano, al pari di qualsiasi altro luogo? È possibile chiudendo gli occhi ignorare una data realtà, ma certo non la si può cancellare, essa esiste al di la del nostro piacere e il modo migliore per capirla è quello di affrontarla.

Esiste una via alternativa al tracciato storico che a partire dalla Catedral de Santiago nel *casco antiguo* di Bilbao, passa di fronte al Museo Guggenheim e costeggia l'intera riva settentrionale del rio Nervión fino a Portugalete. A differenza del percorso classico che risale sul monte Kobeta per ridiscendere nella giungla di cemento delle città di Barakaldo (*100.502 abitanti*) e Sestao (*28.288 abitanti*), cuori pulsanti dell'industria spagnola per gran parte del XX secolo, il percorso alternativo è piano e 6 chilometri più corto, fino a Portugalete dove i cammini si riuniscono. Al giorno d'oggi solo una piccola parte delle fabbriche di Sestao è operativa nella produzione di acciaio, ma nel secolo passato la fusione delle tre imprese siderurgiche più importanti delle zona diede origine all'*Altos Hornos de Vizcaya*, la maggior impresa di tutta la Spagna fino al 1996.

Decido di seguire il lungofiume sulla sponda orientale come fosse la mia linea di costa in direzione nord. Il punto di confine tra città e periferia comincia all'altezza di una grande gru conosciuta con il nome di *Carmela*. È una delle receptionist dell'ostello di Bilbao dove ho soggiornato che mi racconta lo spaccato di storia quotidiana che la riguarda. Pare che il nome derivi dalle grida di approvazione che gli operai del cantiere lanciavano dall'alto alla bella signora Carmela che regolarmente e non senza malizia passava di sotto.

Superata questa linea immaginaria tutto diventa uno sfrecciar di automobili in corsa, industrie, palazzi a forma di tombe di cemento, bracci meccanici sulla riva, incroci, semafori, vendesi e affittasi. Caleidoscopio dell'umanità operaia, la prima ad alzarsi la mattina e l'ultima ad addormentarsi. E ancora muri divisori, fabbriche abbandonate, erezioni di metallo, eiaculazioni di gas nell'aria. Dall'altra parte della sponda i resti vivi di quella che era stato l'*Altos Hornos de Vizcaya* con i suoi *astilleros* che puntellano la riva come mani alzate al cielo, monumenti alla follia capitalista dell'uomo.

Alle porte di Getxo (*79.544 abitanti*) già s'intravede il Bizkaiko Zubia (*Puente de Vizcaya in castellano, anche detto Puente Colgante*), il più antico ponte trasportatore del mondo costruito nel 1893 e progettato da Alberto Palacio, uno dei discepoli di Gustave Eiffel. Il ponte, dichiarato patrimonio dell'umanità dall'UNESCO nel 2006, è l'unica via d'accesso per attraversare il rio Nervión e arrivare a Portugalete. Per attraversarlo ci sono due modi: sulla parte basculante che pende dall'alto a filo d'acqua oppure salendo con gli ascensori installati sui due piloni alle estremità verso la piattaforma alta del ponte per attraversarla a piedi da parte a parte. A Portugalete i due percorsi si ricongiungono, poi fino a Las Arenas (*26.807 abitanti*) si prosegue su un'infinita strada ciclopedonale dove il dislivello è praticamente nullo. Il Mar Cantábrico torna ad avvicinarsi all'orizzonte, a pochi chilometri dalla spiaggia, tra due costole di montagna si spalanca finalmente alla vista e la strada diventa linea direttrice del rincontro. Al capo opposto della playa de La Arena si arriva al barrio di Pobeña dove s'incontra l'Eremita de Nuestra Señora del Soccorro, adagiata su un piccolo promontorio che una volta era un'isola. Da qui comincia la Via Verde de Piquillo, uno dei tratti più spettacolari del Cammino del Norte, antico percorso della ferrovia mineraria che trasportava le materie estratte fino ai *cargaderos*, installazioni che permettevano il trasferimento dei minerali alle navi da carico sulla costa. Il sentiero cola a picco sul mare e mentre si sale il panorama diventa storia infinita d'amore tra terra e mare, azzurro e verde che si mischiano insieme. La mano sapiente delle onde si fa scultrice a intarsiare la roccia come quella umana non potrà mai fare. Lavora costantemente col favore del tempo e il ritmo sicuro del vento. Il paesaggio s'appropria dei lineamenti nordici dei fiordi sormontati da chilometri sconfinati di prati verdissimi a perdita d'occhio, ripagandomi a pieno di tutto il cemento percorso. Come dire: il dolce non è poi tanto dolce senza l'amaro...

Qui pianto la mia tenda e mi fermo a contemplare il tutto aspettando in prima fila il lungometraggio del tramonto che arriva.

ALBERGUES

PORTUGALETE
Albergue de peregrinos Portugalete
Address: C/ Casilda Iturrizar, 8
Beds: 28
Phone: +34-94 472 93 20

POBEÑA
Albergue de peregrinos Pobeña
Address: Barrio de Pobeña
Beds: 22
Phone: +34-687-529-627

08. POBEÑA - CASTRO URDIALES (20,1 km)

Nuovo giorno di pioggia che non lascia scampo e inghiotte il sole del mattino. Tutta la notte l'ho sentita battere sulle pareti della tenda come tanti mani che bussano senza lasciarti dormire, finché appena svegliato ho trovato riparo sotto la volta di un rudere bagnato poco distante, tra l'eco di un passato andato perduto, che era e non è più. Qui aspetto che il fitto tessuto grigio del cielo allarghi un poco la sua maglia prima di partire.

Riscopro l'utilità del cellulare che meglio si presta per segnare qualche appunto di viaggio piuttosto che la carta troppo fragile all'umidità e all'acqua. Decido di partire comunque, prima arrivo a destinazione più tempo avrò per asciugare il guscio di lumaca che mi porto appresso.

Il discorso del sentiero ricomincia dove si era interrotto la sera prima, sulla Via Verde del Piquillo, nell'abbraccio tra terra e mare dove il silenzio diventa l'unica maniera possibile per descrivere il panorama. In questo segmento di costa i *flysch* assomigliano al cielo, percorso da costoni infiniti di nuvole piegate una sull'altra. Pescatori e surfisti sono i primi abitanti dell'oceano in ogni condizione di tempo.

In un passato non troppo lontano queste sponde erano teatro dell'estrazione di alghe marine che venivano seccate al sole oppure bruciate per poi essere utilizzate nei campi come fertilizzante. Ancora visibili sono i resti del sistema di carrucole che permetteva di recuperare l'alga che la corrente viva del mare accatastava sulla riva bassa della costa dove veniva raccolta e trasportata in alto sulla terraferma.

Il Cammino arriva alla località vizcaína di Kobaron (*130 abitanti*) dove, passando per El Haya, a Ontòn (*173 abitanti*) si abbandonano definitivamente i Paesi Baschi entrando nella comunità autonoma spagnola della Cantabria, situata nella *cornice Cantábrica*, nome dato alla frangia di terra stretta tra il Mar Cantábrico e la cordillera Cantábrica.

Dal piccolo borgo di Ontòn il cammino si sposta nell'entroterra fatto di campagna e pascoli, strade di montagna e piantagioni di eucalipto, arrampicandosi verso Puerto de La Helguera, punto più alto del percorso. Questa prima tappa in terra cantabrica attraversa un paesaggio profondamente segnato dalle impronte che le operazioni d'estrazione mineraria ad opera della Compañia Minera de Setares lasciarono in essa. In particolare la zona di Ontón, Baltezana, Saltacaballos e la valle di Otañes, offrono un'immagine unica riguardante il modo di vivere che hanno caratterizzato questa parte di Cantabria durante il tempo, dove il retaggio delle istallazioni minerarie, delle città dormitorio e dei resti delle antiche ferrovie condividono il paesaggio odierno fatto di praterie, pascoli e campi.

Tornante dopo tornare si ridiscende verso Otañes (*680 abitanti*) dove s'imbocca la Via Verde de Castro-Traslaviña fino a Sámano (*2.660 abitanti*) ultimo scoglio di civiltà fino alla città marittima di Castro Urdiales (*32.144 abitanti*).

Cerco di imparare il più possibile dalla strada, registrando tutto ciò che vedo lungo il percorso e parlando con la gente del posto. Credo che l'essenza del viaggio risieda proprio in questo: partire totalmente impreparati per scoprire ogni cosa lungo il percorso; un po' come la vita. Questa è la meraviglia! E ci si rende conto che si sta viaggiando solamente quando il viaggio termina; in fondo la vita passa in un lampo e quello che c'è nel mezzo è l'unica cosa che conta.

ALBERGUES

CASTRO URDIALES
Albergue de peregrinos Castro Urdiales
Address: Subida Campijo
Beds: 16
Price: 5 €
Phone: +34-608-610-992

09. CASTRO URDIALES - LAREDO (29,6 km)

A Castro Urdiales ritrovo Andrea de Roma e ripartiamo insieme verso Laredo (*11.800 abitanti*) accompagnati dal suono della sua armonica che scandisce il ritmo della marcia e si spande nell'aria grigia ancora carica di pioggia dal giorno prima. Il percorso si snoda sul confine del mare, attraverso lo stretto corridoio litorale che si disegna tra i pendii scoscesi del monte Cerredo (*644m*) e la costa Cantábrica e fino a Islares (*3.179 abitanti*) s'intreccia con l'autovía N-634. Il paesaggio, nonostante la costruzione dell'autovía che ha contribuito allo sviluppo demografico e del commercio nella zona, ha conservato la sua identità rurale storica fatta di piccole *aldeas* e case di campagna come le località di Allendelagua (*146 abitanti*) e Cerdigo (*257 abitanti*).

Incontro i primi pellegrini sulla via a Israles, ci si scambia qualche consiglio e si condividono le esperienza, poi ognuno per la sua strada, dopotutto camminare è un'esperienza personale. Solamente dopo, alla fine di tutto, ci si accorgerà che in realtà è stata anche un'esperienza spirituale. Però senza la saggezza della distanza e del distacco, immersi nel contesto del momento, si ha solamente l'impressione di compiere un semplice atto fisico: quello di camminare.

Le persone che s'incontrano sono una parte importante

di questo processo, diventano in qualche modo una presenza familiare mano a mano che il cammino prosegue.

Il percorso si sposta verso l'interno seguendo la riva orientale del río Agüera dove il cammino si divide in due possibilità: la prima segue la *carretera* principale mentre la via originaria del cammino antico risale fino a Guriezo (*2.383 abitanti*) per poi attraversare in direzione nord i borghi rurali di Sopeña, Rocillo, Pomar e Iseca Nueva, baluardi di un passato che resiste al trascorrere del tempo, luoghi di convivenza pacifica tra natura e lavoro dell'uomo, dove svetta imponente la chiesa gotica di Pomar. La geografia del percorso cambia nell'entroterra: si abbandona la pianura della costa per affrontare il dislivello delle valli interne che raggiunge la sua altezza massima all'Eremita de San Mamès. Anche la geografia umana cambia volto, il paesaggio agreste sostituisce il tema marittimo, diventando protagonista assoluto di questo segmento di terra. A La Magdalena comincia la risalita passando per foreste infinite di eucalipto e quando la valle si apre sull'orizzonte, la vista del primo paesaggio cantabrico dell'interno è magnifico. Montagne di roccia viva che rotolano a valle su un versante e dall'altra pascoli sconfinati di tori e cavalli sciolti. Nel mezzo io, sulla lingua di strada che si srotola come un tappeto rosso, tra i sali e scendi dei colli, tra le onde verdi del panorama, costeggiando la depressione carsica di Liendo (*1.250 abitanti*) fino a Tarrueza (*123 abitanti*), confine ultimo per Laredo.

ALBERGUES

ISLARES
Albergue de peregrinos Islares
Address: Calle de la Escuela, s/n
Beds: 18
Phone: +34-671-995-870

LIENDO
Albergue de peregrinos Saturnino Candina
Address: Barrio de Hazas, 7
Phone: +34-682 074 723

LAREDO
El Buen Pastor
Address: Fuente Fresnedo, 1
Beds: 20
Price: 13 €
Phone: +34-942-60-62-88

10. LAREDO - GÜEMÈS (31,4 km)

La città di Laredo ha rivestito un ruolo di primissima importanza nella storia della Cantabria durante l'età media e quella moderna, dovuto in particolare modo alla sua appartenenza a *La Hermandad de las Cuatro Villas de la Costa de la Mar*, una federazione navale agli ordini della Corona de Castilla, formata dai principali porti della costa cantabrica tra i quali San Vicente de la Barquera, Santander, Laredo e Castro Urdiales; con l'obiettivo di estendere il commercio castellano verso il mare. Il 4 maggio 1296 la federazione si unisce con alcune città della costa basca formando la *Hermandad de las Marismas*, per difendere interessi comuni derivanti dalle relazioni commerciali con alcune delle città portuarie più importanti d'Europa.

La federazione garantisce inoltre dal punto di vista bellico un sbocco strategico per le navi da guerra sull'Atlantico. Tra le battaglie a cui le flotte della *Hermandad* partecipano vanno ricordate la Guerra dei Cent'anni in cui la federazione aiuta Felipe VI di Francia nella sua guerra contro gli inglesi e la Guerra delle due Rose in cui si schiera a fianco del re Eduardo IV d'Inghilterra.

Al giorno d'oggi Laredo deve il proprio sviluppo economico al turismo balneare, nel suo centro urbano s'incontra infatti la playa de La Salvè, la più estesa di tutto il litorale cantabrico, con oltre quattro chilometri di lunghezza. La *Puebla Vieja* rimane l'ultima eredità del passato a resistere alla modernità. Vista dall'Alto di Laredo mi ricorda le tegole color d'autunno delle case di Lisbona. La città è letteralmente divisa in due da una profonda fenditura culturale, da una parte il passato e le sue tradizioni, dall'altra lo sviluppo incontrollato della costa dove un'infinita striscia di palazzi e alberghi vista mare si addossano sulla spiaggia.

Esistono due alternative per superare l'estuario che il río Asón forma dividendo i due lembi di terra della costa. La prima risale il fiume muovendo verso sud in direzione Colindres (*7.826 abitanti*) per attraversarlo a piedi lungo il Puente de Treto, opera architettonica della scuola Eiffel; la seconda percorrere tutta la longitudine della playa de La Salvè di Laredo che costituisce il confine naturale del río Asón con la sponda opposta della baia di Santoña; collegate dal traghetto. È proprio questo triangolo di mare, alla foce del río Asón, a formare la fetta più grande del *Parque Natural de las Marismas de Santoña, Victoria y Joyel*, un'oasi ecologica brulicante di fauna marina e uccelli migratori acquatici.

M'incammino sulla via per Santoña (*11.260 abitanti*), il vento spinto dal Mar Cantábrico soffia forte e le onde sulla rive mostrano i muscoli scontrandosi sul deserto di sabbia della spiaggia. La primavera per intanto è arrivata solo sul calendario.

Provo a tirare le somme di questi primi giorni di marcia. Ho percorso all'incirca 170 chilometri in 9 tappe, nessun dolore fisico, né segno di stanchezza, nessuna nostalgia del passato. Non mi spaventano i 630 chilometri ancora da percorrere fino a Santiago; la solitudine del viaggio, cercare ogni giorno un nuovo posto dove dormire e mangiare, nemmeno. Un falegname incontrato alle porte di Liendo mi ha detto *"...permettimi di darti una piccola anticipazione di ciò che ti aspetta a Santiago...sarà il delirio più totale, tutte le persone ubriache d'euforia e d'alcool per la meta finalmente raggiunta, gente inginocchiata che piange dall'emozione, amici lasciati che si rincontrano...questa sarà la fine del viaggio..."*. Ecco, questo si che mi spaventa.

Il traghetto che attraversa il río Asón mi porta a Santoña. Qui si vedono solo i fantasmi di una città di mare; i gabbiani che volano lungo la riva e l'odore impregnante di salsedine e marisco sono le uniche testimonianze ancora vive di una tradizione marittima ormai abbandonata. La nostalgia è scolpita sulle rughe dei vecchi che passeggiano al molo; nelle loro mani callose, distrutte dalla fatica, si legge il ricordo; il rimpianto nello sguardo perso a contemplare il mare che incanta.

Si ritorna sulla costa percorrendo la playa Berria fino alla fine, poi ci si addentra nel bosco fitto di un promontorio che divide la spiaggia dall'altro lato. Con il rumore dell'oceano nelle orecchie si sale per poi ridiscendere dalla parte opposta lungo sentieri intricati fatti di sabbia rossa e roccia. Come sempre dalla cima si domina il paesaggio di sotto e la linea piatta dell'oceano s'allarga a perdita d'occhio. Noja (*2.635 abitanti*) diventa visibile all'orizzonte in tutta la sua bellezza; distante solo il tempo necessario per percorrere la playa de Trengandín che ci divide. Tolgo le scarpe e cammino scalzo sulla sabbia piatta per trovare un contatto più intimo e profondo con la terra che calpesto. La spiaggia è costellata da oasi di scogli neri piantati nel terreno che intrappolano l'acqua della risacca e sembrano meteoriti caduti dal cielo. Non ci sono parole per descrivere la vista dell'oceano che avanza sulla banchisa e Noja che ad ogni passo diventa più grande e si compone di nuovi dettagli. Nessuna parola, solo il silenzio.

Superata Noja si abbandona il mare a le frecce *amarillas* del cammino tornano a essere costanti. Ci si muove per strade di campagna avvolte dagli odori del finocchietto, del prezzemolo e della cipollina selvatica, attraverso piccole pianure destinate al foraggio separate una dall'altra da colline boscose impenetrabili. Il solito paesaggio d'incanto a cui non si riesce ad abituarsi. In ordine si superano: il borgo di Castillo (*591 abitanti*), San Miguel de Meruelo (*1.022 abitanti*) e Bareyo (*177 abitanti*), fino a Güemes (*277 abitanti*).

ALBERGUES

GÜEMES
La Cabaña del abuelo Peuto
Address: Calle el Hostel nº 323
Beds: 100
Price: donativo
Phone: +34-942-621-122

11. GÜEMES - SANTANDER (23 km)

Per raggiungere Santander (*175.000 abitanti*), capitale della Cantabria, la via più corta è quella che da Somo (*1.728 abitanti*) esce dalla comarca di Trasmiera attraversando la bahía de Santander in traghetto fino a destinazione. Quella più lunga, 35,8 chilometri, si snoda verso sud circumnavigando la bahía invece di attraversarla, passando per Solares (*4.059 abitanti*) sulla sponda occidentale del río Miera, La Chonca (*487 abitanti*) sulla ría Solía, fino a raggiungere El Astillero (*11.779 abitanti*) sulla punta sud della bahía de Santander. Se si sceglie questa seconda opzione ci si lascia alle spalle il paesaggio pianeggiante della costa per quello montagnoso che passa ai piedi della sierra de Peña Cabarga, il massiccio calcareo che configura il Parque Natural del Macizo de Peña Cabarga. I giacimenti di ossido di ferro del massiccio sono stati estratti fin dall'epoca romana tanto da fargli guadagnare l'appellativo di *"la montaña de hierro"*. Da Solares a El Astillero i resti di archeologia industriale del secolo XIX e XX hanno lasciato un'impronta indelebile nel paesaggio e nella memoria dei suoi abitanti; le stesse città sono un retaggio vivo di questa memoria, nate e sviluppate come appendici all'attività mineraria.

Questa settimana il sole è stato un pallido ricordo nel cielo, coperto dal grigio sipario di nuvole cariche di pioggia che hanno fatto gli straordinari per bagnare la costa cantabrica senza sosta abbassando notevolmente la temperatura. All'*Albergue de peregrinos* di Güemes ho incontrato Siny, una ragazza della Corea del Sud che si unisce a me e Andrea fino a Santander. Lei ha già percorso tre volte il Camino del Norte in tempi diversi e ora è impegnata nella stesura di una guida in lingua coreana che comprende tra l'altro la registrazione di tracce gps del percorso e delle sue varianti e la recensione degli *albergue de peregrinos* e dei servizi incontrati sulla rotta jacobea. Ho avuto difficoltà a capire il motivo per cui Irun sia considerato il punto di partenza del Camino de la Costa, tra le varie fonti che ho consultato non ne ho incontrata una che lo racconti con esattezza; per esempio Andrea ha cominciato il Camino nella città francese di Bayonne nel dipartimento dei Pirenei Atlantici. Lo domando a Siny. Risponde che in realtà il cammino non ha una vero punto di partenza in quanto gli antichi percorsi dei pellegrini collegavano tra loro diverse parti della vecchia Europa essendo l'andare a piedi l'unico modo possibile per spostarsi via terra. C'era quindi chi cominciava il pellegrinaggio per raggiungere la tomba dell'apostolo Santiago dalla Francia, oppure dall'Italia, a seconda del luogo di provenienza. La collocazione geografica di Irun, prima località a nord sulla costa al confine con la Francia, la rendeva la porta d'ingresso ideale per il camino jacobeo più antico di Spagna e anche quella più sicura perché distante dall'invasione araba che da sud risaliva la penisola. Questa è la ragione per cui oggi è considerato il punto di partenza del Camino del Norte.

Il tratto di costa fino a Somo è uno di quelli che entrano in profondità nella memoria di chi lo attraversa; è l'immaginazione che diventa realtà. Il dislivello è gradevole, si sale e si scende sul bordo ultimo delle strapiombo che divide la terra dal mare, lungo una linea stretta che avanza nell'erba. Il paesaggio assume i tratti somatici dei fiordi scandinavi dove il mare si scontra di sotto sugli scogli e al piano superiore un tappeto infinito di campagna si stende a perdita d'occhio. La costa crea un anfiteatro naturale di roccia verticale sulle spiagge di sabbia fine che a intermittenza interrompono l'asprezza delle falesie creando uno spettacolo a cui il mondo assiste da millenni, immutabile. Il mare chiaro di sotto rimane incastrato nei costoni di *rasa mareal* del fondale creando vere e proprie piscine naturali poco profonde che colorano l'acqua con tinte diverse dell'oceano libero. I ciuffi dei cespugli spruzzati di rosso e *amarillo* aggrappati ai precipizi, la roccia nuda dove si raccolgono i gabbiani stanchi dal volo completano l'affresco della *naturaleza*. Qui si respira l'essenza del Camino del Norte, riassunto ultimo del confine dove terra e mare s'incontrano.

Il tratto finale della costa trasmerana si percorre sulla prateria di sabbia della spiaggia dove le onde non lottano, ma si adagiano dolcemente sulla banchisa fino all'estuario della bahía de Santander dove da Somo si prende il traghetto per la sponda opposta. Oltre la fitta nebbia s'intravede la *península* La Magdalena sormontata dal palazzo reale costruito agli inizi del XX secolo. Dietro lei Santander.

ALBERGUES

SANTANDER
Albergue de peregrinos Santos Mártires
Address: Calle Ruamayor, 9
Beds: 40
Phone: +34-942-219-747

Hospedaje Magallanes
Address: Calle de Magallanes, 22
Price: 30€ (camera doppia)
Phone: +34 942 37 14 21

12. SANTANDER - BOO DE PIÈLAGOS
(14,3 km)

La leggenda racconta che le teste di San Emeterio e San Celedonio, martiri decapitati nella città di Calahorra (La Rioja) per aver professato il cristianesimo, furono trasportare in una barca di pietra per proteggerle dall'avanzata dell'invasione musulmana, fino ad arrivare a Santander dove vennero nascoste nella primitiva chiesa del Cerro de San Pedro, oggi conosciuto come Cerro de Somorrostro. Il monastero della chiesa adottò i due martiri come patroni, collocando le loro effigi sullo scudo della chiesa e successivamente della città. È proprio qui che nel secolo IX Alfonso II, el Casto, fonda la *Abadía de los Cuerpos Santos*, sopra il reliquiario delle teste dei due martiri romani e altri resti di martiri sconosciuti; attorno alla quale si svilupperà la città. Durante l'età media e quella moderna Santander diventa uno dei porti commerciali più importanti del Cantábrico, essendo una delle città appartenenti alla federazione de *La Hermandad de las Cuatro Villas de la Costa de la Mar*. Nel febbraio del 1941 uno spaventoso incendio distrugge la maggior parte del suo *casco histórico* che viene ricostruito con un processo di rinnovazione urbana che cambia per sempre la configurazione della città.

A seconda del percorso seguito nella tappa precedente

il cammino si sviluppa su due rami differenti (ovviamente è sempre possibile scegliere quale percorrere poiché i percorsi sono collegati tra loro) che confluiscono nel Puente Arce, un ponte di pietra costruito al finale del XVI secolo; unica via d'accesso per attraversare il río Pas. Anticamente era possibile spostarsi da una sponda all'altra in barca direttamente da Boo de Piélagos (*3.255 abitanti*) in un luogo chiamato *de las Ánimas*, invece di essere costretti a risalire il río, come oggi accade, verso sud nella città di Arce (*2.400 abitanti*) dove si trova il ponte.

Dal punto di vista logistico per chi nella tappa precedente si è fermato a El Astillero, a sud della bahía de Santander, la via più breve è quella di proseguire nell'entroterra passando per Escobedo (*1.417 abitanti*), superare Puente Arce e proseguire fino all'*Albergue de peregrinos* di Requejada (*1.027 abitanti*) nel municipio di Polanco o addirittura fino a Santillana del Mar (*4.049 abitanti*), senza passare per Boo de Piélagos. Io seguo il cammino che parte direttamente da Santander.

Il freddo e l'umidità di questa primavera cantabrica che morde le ossa è arrivato molto più in profondità, a lenire come un'anestesia la necessità del viaggio. Tutto s'imbruttisce, persino lo spirito. L'unico pensiero diventa quello di arrivare il più presto e asciutto possibile alla meta. In questo caso l'asfalto su cui camminare diventa una benedizione e i pochi tratti di sentiero non battuto fino a Boo sono paludi di acqua e fango. Sotto qualsiasi forma si presenti, che sia oceano, fiume o pioggia, l'acqua diventa davvero il filo conduttore di questo viaggio. Quindi infilo ogni pensiero sotto le scarpe e parto. Si cammina lungo la Calle San Fernando che cambia nome diventando Calle Cajo, e poi Calle Campogiro; arteria principale che da

Santander pompa il traffico verso la periferia e viceversa, fino a Peñacastillo (*17.433 abitanti*). Si costeggiano per un breve tratto i binari della ferrovia passando per sentieri non asfaltati, muovendo in direzione di Santa Cruz de Bezana. Poche sono le cose che allietano l'occhio in questo paesaggio urbano, quasi nessuna in verità. La solita triste periferia dei grandi capannoni industriali, del traffico assordante, dei quartieri stile americano fatte di case tutte identiche disposte a raggiera.

Che cosa ricorderanno di noi le generazioni future? Quale sarà il nostro lascito alla storia del mondo? Siamo diventati una civiltà costruttrice di periferie, molto più preoccupata dell'efficienza che all'estetica. Gli architetti che progettano le nostre città non sono più dei geniali artisti come nel passato, ma il più delle volte semplici "contabili" che trovano nell'omologazione la via più economica e semplice per progettare. Penso a San Pietro in Vaticano, al Colosseo, alla città di Venezia, al ponte vecchio di Firenze…e ai milioni di turisti che ogni anno, da ogni parte del mondo, vengono per visitare queste meraviglie dell'architettura. Cosa andranno a visitare i viaggiatori del futuro? Abbiamo perso il senso estetico delle cose, non siamo più costruttori di bellezza. Il tempo contribuisce a rendere affascinante un edificio così come la sua importanza storica e la difficoltà di realizzazione sono elementi cruciali. Oggi però sembra che l'unico parametro rimasto sia quello che rende un edificio interessante per il solo fatto di essere difficile da realizzare, senza altri termini di paragone. La sfida alla costruzione del superfluo ha sostituito quella della ricerca della bellezza del passato. Ai posteri la sentenza: solo il tempo sarà giudice della nostra storia.

ALBERGUES

SANTA CRUZ DE BEZANA
Albergue La Santa Cruz
Address: Avenida Santa Cruz, 22
Beds: 14
Phone: +34-659-178-806

BOO DE PIÈLAGOS
Albergue Piedad
Address: Barrio San Juan, 23
Beds: 16
Price: 12 €
Phone: +34-680-620-073

13. BOO DE PIÈLAGOS - SANTILLANA DEL MAR (29,2 km)

Mi risveglio con lo stesso cielo identico lasciato la sera prima, dove sprazzi di sole, azzurro, nero di seppia e nuvole vermiglio cariche di elettricità convivono allo stesso tempo. Si spostano a gran velocità mischiandosi tra loro, cambiando di posizione, come dentro un paiolo mescolato. I pochi raggi di luce che riescono a scavalcare la coltre precipitano a terra come lame solide che accecano, come un faro puntato contro gli occhi. La campagna cantabrica costellata di piccoli borghi bagnati dalla rugiada del mattino diventa mia finestra attraverso cui osservare la vita che si risveglia. Non c'è soluzione di continuità alla pioggia battente che va e viene con una forza che non lascia scampo, una coperta che copre e scopre il cielo lasciando giusto il tempo per illudersi. Santillana del Mar (*4.049 abitanti*) diventa la stella polare da seguire in questo miscuglio di terra e cielo.

Da Boo de Piélagos si risale per circa 7 chilometri l'intestino del río Pas ingrossato dalla pioggia in direzione sud per attraversarlo a Puente Arce fino alla sponda opposta dove, adagiata all'ombra di una carcassa di montagna spolpata dall'estrazione mineraria, si trova Oruña. Il río Pas, nato sulla Cornice Cantábrica percorre il centro della provincia fino a sfociare nel Mar Cantábrico formando un estuàrio diventato un parco naturale protetto: il Parque Natural de las Dunas de Liencres. Si ridiscende quindi il río in direzione contraria, verso nord, fino a scavalcare l'Autovía Cantabria-Meseta A-67 e salire al Santuario de la Virgen del Monte a Mogro; punto di vista sopraelevato, perfetto per osservare da nuova angolazione il cammino percorso e quello ancora da fare.

Attraversato Mogro (*1.317 abitanti*) riappare l'oceano e in lontananza si scorgono le dune de Liencres battute dal vento del nord che soffia senza sosta a riempire il silenzio. Da Cudón (*584 abitanti*) si seguono per qualche chilometro le condutture a vista del gas che costeggiano il paesaggio palustre della ría de San Martín de la Arena, tratto finale del río Saja, fino al Barrio Obrero appena fuori Requejada (*1.027 abitanti*). Qui ci si scontra con la Solvay: ettari di fabbrica fatta di tubi, ringhiere d'acciaio, pioli di ferro e camini che sputano nuvoloni di fumo nell'aria; dove vengono fabbricati prodotti chimici di base per le altre industrie come per esempio la soda caustica. Fino al meraviglioso borgo medievale di Santillana del Mar la fabbrica rimane un pugno nell'occhio nel paesaggio della campagna urbanizzata dell'interno ogni qualvolta si volga lo sguardo alle spalle.

Il *casco urbano* di Santillana del Mar è mondialmente conosciuto per aver mantenuto inalterato l'aspetto che aveva durante l'Età Moderna del medioevo. Non si conosce con certezza l'origine della sua toponomastica ed è interessante perché il nome presenta al suo interno tre contraddizioni in essere; infatti scomponendo Santillana del Mar si ottiene "*santi*" (santa), "*llana*" (piana) e "*mar*" (mare). Tutti attributi che la città non possiede poiché non è santa, non è piana e non è sul mare. La sua fama si deve soprattutto alle grotte di Altamira, distanti meno di due chilometri dalla città e dichiarate dall'UNESCO patrimonio dell'umanità nel 1985 trasformando Altamira in uno dei più famosi siti dell'arte preistorica. La sua scoperta risale al 1879 quando l'archeologo dilettante Marcelino Sanz de Sautuola e sua figlia María di nove anni entrarono per la prima volta nella grotta. Studiata e scavata dallo stesso Sautuola e dall'archeologo Juan Vilanova y Piera dell'Università di Madrid, riportarono i risultati del loro lavoro in un notissimo studio pubblicato nel 1880 in cui facevano risalire all'età paleolitica le opere rinvenute. Le loro teorie vennero dapprima screditate dalla comunità scientifica dell'epoca, ipotizzando addirittura un falso storico, per poi ricredersi, tanto che l'archeologo francese Joseph Déchelette definì Altamira *"la Cappella Sistina della preistoria"*.

Lo stesso Pablo Picasso al termine della visita alla grotta, esclamò *"dopo Altamira, tutto è decadenza"*.

ALBERGUES

POLANCO
Albergue Clara Campoamor
Address: Requejada
Beds: 12
Phone: +34-622-429-766

SANTILLANA DEL MAR
Albergue municipal Jesús Otero
Address: Plaza Abad Francisco Navarro, s/n
Beds: 16
Pice: 6 €
Phone: +34-942-840-198

Camping Santillana del Mar
Address: Carretera de Comillas
www.campingsantillana.com
Phone: +34 942 81 82 50

14. SANTILLANA DEL MAR - SAN VICENTE DE LA BARQUERA (35 km)

Nuovo giorno di tormenta. Bagnato e infreddolito al primo istante messo il naso fuori dall'*albergue*. Tutto intorno è diventato in bianco e nero come una vecchia pellicola sbiadita. Si sfugge all'uragano che imperversa fermandosi il più possibile: prima sosta al riparo sotto il capannone degli attrezzi di un cimitero, si mangia pane e arachidi comprati il giorno prima; seconda sosta alla taverna di Oreña (*903 abitanti*), vino tinto e *picadillos*; terza sosta al riparo nella Abadía de Santa María de Viaceli di Cóbreces (*569 abitanti*), una sigaretta. È la tappa delle soste come è abitudine fare in Russia quando si esce di casa l'inverno. Però ogni pausa è breve perché l'aria gelida del nord unita all'umidità della pioggia penetra ogni tessuto fin sotto la pelle.

È a Cóbreces che si rivede il mare in lontananza dall'alto della Iglesia de San Pedro Ad Vincula dopo essere stati così vicini alla costa cantabrica per tutto il percorso senza mai afferrarla, muovendosi nel verde delle piccole valli litorali tra prati e colline alberate, nella fisionomia medioevale dei paesi che l'attraversano. Il piccolo borgo di La Iglesia (*140 abitanti*) in pietra viva arroccato intorno alla iglesia de la Asunción e La Concha (*37 abitanti*) sono l'esempio perfetto di questo retaggio del passato che sopravvive al tempo.

Comillas (*1.943 abitanti*) situato nella comarca della Costa Occidental è la porta d'ingresso al Parque Natural de

Oyambre che si stende per 5.800 ettari di terreno protetto e di grande ricchezza ecologica e paesaggistica, fino a San Vicente de la Barquera (*4.532 abitanti*). La città rivestì nel passato un ruolo di prima importanza nella caccia alla balena, tanto da essere considerata la capitale delle città marittime in questa attività. In particolare si cacciava la balena franca del Cantábrico da novembre a marzo, la più lenta di tutte le specie, che aveva la caratteristica di rimanere a galla dopo la morte facilitandone la cattura e il trasporto da parte dei balenieri. Oggi Comillas è conosciuta soprattuto per essere uno dei pochi luoghi fuori dalla Cataluña a vantare al suo interno alcune opere di architettura di Antoni Gaudí; come la Villa Quijano, conosciuta a livello popolare con il nome di El Capricho, un edificio modernista appartenente alla stagione orientalista dell'artista, simbolo della città.

Una citazione a parte merita anche l'ospitalità cantabrica riservata nelle taverne al cliente, che conserva la tradizione di offrire una zuppa calda per combattere il freddo della stagione.

Fino a San Vicente de la Barquera sono 12 chilometri di terra piatta attraverso il paesaggio umido del Parque Natural de Oyambre. Il lungo Puente de la Maza, che collega i due segmenti di terraferma che la ría de San Vicente divide, è la via d'accesso alla città di pescatori, meta della tappa, che si disegna sulla sfondo delle cime innevate del massiccio del Picos de Europa.

San Vicente de la Barquera è anche il punto di partenza del Camino Lebaniego, che si snoda da nord a sud nell'intestino del territorio Cantabrico per 62 chilometri, attraversando i municipi di: San Vicente de la Barquera, Val de San Vicente, Herrerías, Lamasón, Peñarrubia,

Cillorigo, Potes y Camaleño, fino al Monasterio de Santo Toribio, nel cuore della valle di Liébana, una grande distesa incastonata tra i pendii alpini del Picos de Europa, destinazione ultima del pellegrinaggio. Qui le frecce *amarillas* del Camino del Norte di sovrappongono a quelle color *rojo* del Camino Lebaniego e le essenze dei due viaggi tra di loro così diversi per un momento convergono.

La leggenda aurea o leggenda dorata risalente al XIII secolo racconta di come Elena, madre dell'imperatore Costantino il Grande, si recò a Gerusalemme alla ricerca della Santa Croce sulla quale morì Gesù Cristo. Messo sotto tortura un tale di nome Giuda, unica persona secondo i giudei a conoscere la posizione della reliquia, Elena scopre il luogo esatto in cui è sepolta e scavando in quel punto fa riemergere le tre croci innalzate tre secoli prima sul monte del Calvario. Per scoprire quale delle tre fosse quella del Cristo, Elena ferma un corteo funebre che procedeva sulla via e avvicina il morto a ognuna delle croci. All'ultima il morto resuscita miracolosamente comprovando l'autenticità della scoperta. Ora la storia dell'arrivo al Monasterio de Santo Toribio del frammento più grande esistente del *Lignum crucis*, albero della croce, rinvenuto da Elena, si perde nella nebbia dell'Età Media del medioevo, tuttavia l'ipotesi più verosimile vuole che esso sia stato trasportato insieme ai resti di Santo Toribio de Astorga, intorno al VIII secolo. Secondo Padre Sandoval, cronista dell'ordine benedettino, la reliquia corrisponde al braccio destro della Santa Croce della Passione e visibile è il foro insanguinato dove inchiodarono la mano del Cristo.

L'importanza della reliquia porta il papa Giulio II a

concedere nel settembre del 1512 il privilegio della celebrazione dell'Anno Giubilare Lebaniego, trasformando il monastero in uno dei più importanti luoghi di peregrinazione cattolica dell'Europa insieme a Roma, Santiago de Compostela, Caravaca de la Cruz e Assisi.

ALBERGUES

CÓBRECES
Albergue de peregrinos Cóbreces
Address: Monasterio Via Coeli, Barrio Cóbreces, 96
Beds: 35
Phone: +34-942-72-50-17

COMILLAS
Albergue de peregrinos La Peña
Address: Calle La Peña
Beds: 20
Phone: +34-942-720-033

SAN VICENTE DE LA BARQUERA
Albergue de peregrinos El Galeón
Address: Calle Alta, 12
Beds: 46
Price: 10 €
Phone: +34-942-715-349

15. SAN VICENTE DE LA BARQUERA - PENDUELES (27 km)

L'ultima tappa del percorso in terra cantabrica si sposta nell'interiore fino a Unquera (*893 abitanti*), ultima città della Cantabria sul passo del Camino de Santiago, adagiata sulla sponda orientale della foce del río Deva, che prende il nome di Tinta Mayor. Questo è il punto di confine naturale dove la Cantabria Infinita, infine finisce e cominciano le Asturias.

Si lascia San Vicente e si abbandona nuovamente il mare che si trasforma in chiazza di acqua palustre e poi diventa fiume prima di essere inghiottito dalla pianura litorale. Le vette del Picos de Europa, visibili sullo sfondo della città nelle giornate limpide, rimangono solo un miraggio nell'orizzonte mangiato dalla nebbia. Il vento del nord toglie il respiro sulla pianura del primo tratto e solo quando ci si addentra nella campagna, gli strati di colline fanno da scudo all'aria gelida che spinge offrendo una tregua necessaria per riprendere le forze e ritrovare lo spirito del viaggio. Si seguono le frecce *amarillas* che si sovrappongono a quelle di color *rojo* del Camino Lebaniego, fino ad arrivare a Muñorrodero (*108 abitanti*) dove si prosegue lungo il filo del río Nasa e lo si attraversa a ridosso dell'estuario di Tinta Menor, nel punto di massima portata, per arrivare sulla sponda opposta al paesino di Pesués (*379 abitanti*). Da qui il percorso si allaccia alla N-634 fino ad arrivare al ponte di Unquera sulla ría de Tinta Mayor, mentre il Camino Lebaniego si dirige nell'intestino della terra cantabrica, tra i mosaici dei campi, le praterie sconfinate, le montagne di eucalipto e i pascoli, senza mai lasciarla. Busto (*215 abitanti*) è il primo paese delle Asturias al di la del ponte, parte del municipio di Ribadedeva. Questo primo lembo di terra asturiana fino al municipio di Llanes conserva nell'architettura dei suoi edifici una traccia di memoria storica recente: quella dell'immigrazione verso le Americhe, in particolare Messico e Cuba, di molti giovani durante l'inizio del XX secolo. Lasciavano la partita in cerca di fortuna, scappando allo stesso tempo dalla fame e dal servizio militare obbligatorio. Non dimenticarono le loro radici e una volta raggiunta la fama e la ricchezza tornarono in patria dove si fecero costruire colorate ed esotiche abitazioni in stile "*indiano*". Il paesino di Colombres (*1.385 abitanti*) è uno degli esempi più interessanti di questo tipo di architettura, tanto che nel 1987 in uno di questi edifici, la Quinta Guadalupe, verrà creata la Fundación Archivo de Indianos e il Museo de la Emigración per conservare e trasmettere la memoria storica di quel tempo.

Nelle Asturias s'incontra un altro tipo particolare di architettura: l'*hórreo asturiano*. Si tratta di un piccolo edificio a pianta quadrata formata da una sola stanza in legno, sollevato da terra da quattro pilastri in pietra agli angoli. Era destinato a conservare gli alimenti, in particolare modo il grano, dall'umidità e dagli animali. Dappertutto s'incontrano questi testimoni del tempo contadino che con il loro silenzio raccontano le storie del passato come un vecchio menestrello stanco che nessuno ascolta più.

Dal piccolo promontorio di Colombres si ridiscende lungo la costa seguendo la *carretera* N-634 fino a Buena.

L'oceano appare e scompare alla vista nascosto da cornici di alberi; è così vicino e allo stesso irraggiungibile. Sui pochi chilometri che mi separano da Pendueles (*225 abitanti*) finalmente rincontro la costa. Il paesaggio scandinavo del nord sopravvive anche nelle Asturias. La roccia sembra nascere direttamente dal terreno verde della prateria litorale, si protende come balconi verso l'alto per affacciarsi sugli scogli di sotto intagliati dalla spuma delle onde.

ALBERGUES

PENDUELES
Albergue Aves de Paso
Address: Barrio La Laguna
Beds: 20
Price: donativo
Phone: +34-617-160-810

16. PENDUELES - BARRU (19,3 km)

Ore otto del mattino. Nell'*albergue de peregrinos* Aves de Paso di Pendueles, le note di Shine On You Crazy Diamond dei Pink Floyd si diffondono dolci nella camerata. È il modo tutto personale che l'*ospitalero* Javi ha per darci il buongiorno; e in effetti, non esiste sveglia migliore. Il nome dell'*albergue* "Aves de Paso" è stato tratto dal titolo di una canzone spagnola che racconta una storia d'amore passeggero. Allo stesso tempo è anche la maniera migliore per riassumere in una parola l'esperienza del Camino. "Uccelli di passaggio", spinti dalla pulsione migratoria verso mete sconosciute alla ricerca di qualcosa d'indefinito che somiglia alla libertà; si posano soltanto un istante sul ramo per riposare e la mattina presto ripartono.

La serata è passata rapida. In compagnia di Andrea de Roma e Javi, con una chitarra e una bottiglia di vino, a scambiarsi storie, canzoni e accordi, sul pentagramma della notte.

La prima tappa intera in terra asturiana si svolge sul palcoscenico del paesaggio protetto della Costa Oriental de Asturias, sul limitare dell'oceano Cantábrico, dove s'incontrano spiagge di sabbia, roccia calcarea, fiumi e costa verdeggiante. Senza dubbio lo spettacolo più interessante da contemplare è quello dei *bufones*, una formazione carsica che consiste in una frattura verticale nella roccia calcarea della scogliera, che comunica direttamente con la cavità di sotto, aperta dall'erosione esercitata dalle onde del mare sulla costa. Quando la marea sale, l'aria e l'acqua che si accumulano nella cavità si comprimono fino a esplodere risalendo il condotto e formando getti di vapore simili a geyser alti anche più di dieci metri. In questo paesaggio lunare dei *Bufones de Arenillas* dove una foresta di scogli affilati dal vento che puntano verso il cielo si mischia all'erba verde, il suono dei *bufones* si sente a chilometri di distanza come il fischio di un treno a vapore. La costa si è trasformata in una gigantesca balena dai mille sfiatatoi, sulla sui schiena brucano le capre libere al pascolo e i pescatori aspettano di catturare la cena per la sera. Le onde di sotto a dare testate sulle pareti dei precipizi.

Spinto da un bisogno nuovo di spazi e di libertà ho abbandonato il percorso classico del cammino per seguire il filo della costa e per la prima volta mi accorgo di quella pulsione migratoria latente che non ha limiti né confini di cui parlava Javi. In prossimità di Andrín, alla foce del río Purón, sono costretto a risalire il fiume attraversando un'intricata foresta di eucalipti e rovi appuntiti, saltando da un masso all'altro alla ricerca di un passaggio per l'altra sponda. Con il paesaggio della Costa Oriental de Asturias ancora stampato nell'iride arrivo finalmente ad Andrín, dove ritrovo il Camino. Le frecce nelle Asturias sono diventate di color granata e si alternano alle immagini della *concha amarilla* su sfondo celeste.

In prossimità della bella città marittima di Llanes (*4.643 abitanti*) l'oceano sembra non arrivare mai. Lo si osserva dall'alto del promontorio insinuarsi come una mano all'interno della città finché non si ridiscende la via ciottolata che porta al porto. Lì il mare sconfinato diventa a misura d'uomo.

Si prosegue nuovamente sul bordo dell'oceano su un tappeto di erba finissima, nel turbinio dei gabbiani in volo. Cerco di restare il più possibile sul perimetro ultimo della costa abbandonando nuovamente il percorso. Non è facile: il profilo frastagliato, l'assenza di un sentiero battuto da seguire, i fiumi da guadare, rendono il passo lento e insicuro.

Il primo faro di civiltà che incontro è il piccolo villaggio di Barro (*432 abitanti*) situato sulla riva orientale della ría de Barro, dove sorge la chiesa di Nuestra Señora de los Dolores del XVIII secolo. Qui mi fermo, in un pacchetto a ridosso della chiesa, per la seconda notte in tenda.

ALBERGUES

LLANES
Albergue La Estación
Address: Estación Feve
Beds: 34
Phone: +34-985-401-458

Albergue residencial de juventudes
Address: Celso Amieva, 7
Beds: 70
Phone: +34-985-400-770

17. BARRU - PIÑERES (12,4 km)

Alba tropicale. Il sole nasce dietro una sagoma di foresta nera arrampicandosi sul profilo snello degli eucalipti. Il giorno che incendia l'orizzonte ritrova il mondo intatto della sera prima, nulla è andato perduto: la ría de Barro che penetra nel mare, i banchi di nuvole ramate dall'alba, il canto degli uccelli e il latrare dei cani. La notte passata è solo un ricordo nella memoria del tempo, in questo spettacolo che si ripete ad ogni sorgere e calar di sole, sempre diverso. Anche la mia nottata passata ad accendere il fuoco, grigliata e vino tinto con Andrea, rimarrà scritta nella storia particolare del mondo.

Seconda giornata di cammino 'anarchico' seguendo la costa.

Si attraversano pascoli sconfinati di bovini su erba smeraldo, nella quiete mattutina del risveglio, attraversando prima playa Torimbia, disseminata di scogli modellati dalle onde, poi la lunghissima playa di sabbia fina di San Antolín. Alla foce del río Bedón, nato dalle pendici della Sierra de Cuera, sono costretto a risalire il fiume per scavalcare l'insenatura del mare, alla ricerca di un sentiero percorribile nella natura selvaggia. Proprio qui, nella prima giornata di sole dopo una settimana, nel punto più alto della mia risalita verso l'interno, scopro sullo sfondo le lontane vette innevate del Picos de Europa. Imponenti e irraggiungibili, bianchissime. Mare da una parte, montagna vera dall'altra. Io nel mezzo. Libero.

Girovago per sentieri sconosciuti fino a Naves (*180 abitanti*), dove una coppia di turisti provenienti da San Sebastiàn mi raccomanda di andare a vedere la Playa de Gulpiyuri. Si tratta di una delle spiagge più particolari delle Asturias, una spiaggia senza mare, situata a centro metri di distanza dalla costa, dichiarata Monumento Natural nel 2001. Si è sviluppata sopra una dolina marina dove l'acqua del mare entra attraverso una cavità sotterranea formando una piccola spiaggia di sabbia fine che si riempie completamente durante l'alta marea. Una piscina naturale, oasi in un deserto verde di praterie agricole. Certamente uno scenario suggestivo; però seduto sulla sabbia della spiaggia ho l'impressione che manchi qualcosa. Tutt'intorno a me è pieno di turisti: chi arriva con la famiglia, chi per scattare qualche foto e contemplare il paesaggio, chi si arrampica sugli scogli per osservare dall'alto. Ecco cosa manca: la magia! Il turismo di massa ha cambiato lo spirito di un posto che dovrebbe essere un oasi di pace e tranquillità, trasformandolo in qualcosa di finto: in una fotografia, in una bella cartolina, in qualcosa che non è più quel luogo. Manca quella magia che mi ha accompagnato per tutto il tratto di costa percorso; quel qualcosa capace di rendere ordinario lo straordinario e viceversa.

Ritorno sulla *carretera* asfaltata del Camino per gli ultimi chilometri della tappa. La stanchezza accumulata negli ultimi giorni comincia a farsi sentire. Attraverso Nueva (*754 abitanti*) sul cui litorale si trova la playa Cuevas del Mar, sulla foce del río Nueva, che prende il nome dalle sculture di roccia scolpite dal Cantábrico. Continuo sulla strada in salita fino a Piñeres, ultimo paese sul confine con la comarca di Ribadesella, meta ultima di questa tappa.

ALBERGUES

PIÑERES DE PRÍA
Albergue La Llosa de Cosme
Address: La Llosa de Cosme
Beds: 10
Price: 10 €
Phone: +34-609-861-373

18. PIÑERES - LA ISLA (27,9 km)

Ritorno sul cammino jacobeo che si sposta verso l'interno caratterizzato da tratti boscosi che si alternano ai piccoli borghi, in discesa fino all'estuario che il río Sella forma incontrando il Cantábrico, dove sorge la città di Ribadesella (*6.242 abitanti*). La costa richiede tempo, è di lenta percorrenza, tra sentieri da trovare, insenature da scavalcare e fiumi da guadare; al contrario l'asfalto del Camino scorre rapido. Cerco di alternare le due esperienze per trovare un giusto compromesso tra il desiderio di libertà totale e la necessità di raggiungere la meta prefissa, tra le regole del cammino e l'anarchia selvaggia della costa.

Da Piñeres il percorso fiancheggia la ferrovia attraversando i borghi di Cuerres e Toriello fino a Ribadesella. Dopo i primi chilometri il richiamo dell'oceano diventa insopportabile. Mi butto alla ricerca del primo sentiero che taglia verso nord all'altezza di Llames de Pría, dove si trova il raggruppamento di *bufones* più occidentale de la costa asturiana: *los bufones de Pría*. Le onde s'impennano a contatto con le pareti della costa diventando spuma bianchissima che si mescola tra le insenature degli scogli come un manto di seta ripiegato su se stesso. Il rumore prodotto dall'incontro tra terra e mare si mescola allo sbuffare dei bufones che spargono nell'aria odore di salsedine e marisco. La maniera di fare l'amore che la costa ha con l'oceano è lo stesso modo selvatico degli animali, una violenza programmata fatta di morsi, rischio, battaglie e istinto.

Torno sulla *carretera* per recuperare il tempo speso sulla costa fino ad arrivare alla playa de Santa Marina a Ribadesella, conosciuta con il nome di *playa de los Picos de Europa*, per la sua prossimità con il parco nazionale che dista solo 35 chilometri. Da qui fino a La Isla il percorso ritrova la sua anima costiera. Scorre sul bordo dell'oceano tra le prateria dei pascoli in pianura, sotto l'ombra del massiccio della Sierra del Sueve. È proprio sulla frangia costiera del municipio di Ribadesella che si snoda la cosiddetta Ruta del Jurásico, dove sono state ritrovate le impronte che i dinosauri hanno lasciato in epoca giurassica durante il loro passaggio attraverso la costa cantábrica.

Abbandono nuovamente il Camino risalendo Calle Tereñes per inseguire le orme dei dinosauri e mi ritrovo immerso in un paesaggio d'incanto dove mare, pascoli, borghi antichi, foreste di eucalipti e montagne innevate che bucano le nuvole convivono in un solo colpo d'occhio. Tutto insieme sulla stessa tela. Ridiscendo a San Esteban de Leces (*1.146 abitanti*), poi proseguo verso il borgo rurale di Vega (*93 abitanti*) costellato di *hórreos*. Pian piano anche le deviazioni dal Camino classico cominciano a starmi strette. Sento l'impulso di eliminare dalla mia traiettoria qualsiasi traccia umana evitando perfino ogni sentiero già battuto per inventarne di nuovi. Il desiderio di spazio, la ricerca della libertà la sento esplodere. L'istinto, il momento, le sensazioni, diventano la mia nuova bussola.

A playa de Arenal de Moris faccio il mio primo bagno gelato nell'Atlantico, poi proseguo sulla costa fino a destinazione passando per playa de la Becella, playa de Esposa e playa de La Isla.

ALBERGUES

RIBADESELLA
Albergue juvenil Roberto Frasinelli
Address: Ricardo Cangas, s/n
Beds: 50
Phone: +34-985-861-105

SAN ESTEBAN DE LECES
Albergue de peregrinos San Esteban de Leces
Address: San Esteban de Leces
Beds: 38
Phone: +34-985-857-611

LA ISLA
Albergue de peregrinos La Isla
Address: Subida al Castro, 85. La Isla
Beds: 24
Price: 5 €
Phone: +34-985-852-005

19. LA ISLA - GIJÓN/XIXÓN (45 km)

A Gijón (*Xixón in asturiano, 277.559 abitanti*) nella Plaza Mayor si erge la statua di un uomo che impugna la spada in una mano e una croce nell'altra. Si tratta del mitico Pelagio, la cui figura è un intreccio di storia reale e leggenda. Nel 714 il dominio dei Visigoti sulla comunità di commercianti e artigiani chiamata *"Gigia"*, progenitrice dell'attuale Gijón, era subordinata al controllo di un governatore islamico di nome Munuza. La storia ha inizio quando questi s'innamora della sorella cristiana di Pelagio, re di uno dei tanti piccoli regni in cui si erano frazionati i Visigoti, e la vuole sposare, ma Pelagio pone il suo veto al matrimonio. Manuza manda allora Pelagio a Cordova per giurare fedeltà all'emiro, pensando di approfittare della sua assenza per convincere la sorella a sposarlo. Il piano fallisce perché Pelagio ritorna in tempo per impedire le nozze, ma sarà costretto a scappare sulle montagne per sfuggire all'ira del governatore. Qui in poco tempo diventa capo e condottiero di coloro che si erano rifugiati nelle grotte e nelle gole delle Asturias per sottrarsi al giogo musulmano. Pelagio, confortato e spronato dalla visione della Madonna che lo invitava a difendere la fede cristiana con le armi, comincia la sua marcia contro gli Arabi e nel 722 li sconfigge a Covadonga ai piedi dei Picos de Europa, dando il via a una lunga lotta per la riconquista da parte dei Cristiani della penisola iberica.

Questa è una tappa densa di storia, di miti e leggende; e non solo perché risente dell'influsso del Camino Primitivo che da qui si dirama in direzione di Oviedo, ma anche per le impronte lasciate dalle diverse dominazioni che si sono succedute sul territorio come quella romana del Cerro de Santa Catalina di Gijón/Xixón dove si trova il *barrio* di pescatori di Cimadevilla considerato il seme che ha dato vita alla città attuale; oppure i piccoli e grandi monumenti che s'incontrano lungo l'itinerario, in cui pervive intatta la storia del Camino.

Il percorso si allontana subito dalla costa per attraversare le ampie valli rurali dell'interiore. Decido di seguirlo per rincontrare l'oceano al termine della tappa, però nel profondo sento già che qualcosa mi manca. Si è rotto qualcosa dentro, qualche meccanismo interno di autocontrollo ha smesso di funzionare; come un bambino che scopre per la prima volta quanto è buona la cioccolata e poi non riesce più a farne senza.

Arrivo quasi subito a Colunga (*1.167 abitanti*) e ricomincia l'itinerario delle chiese. La prima è la Iglesia de San Cristobal di Colunga. Caffè e sigaretta per annacquare la nostalgia del mare. Questo mondo fatto di macchine, ristoranti e bancomat automatici, il mondo dei numeri e non delle persone, orami non mi appartiene più.

Per quanto riguarda la segnaletica del percorso quando l a *concha* non è supportata dalla freccia che indica la direzione, bisogna seguire la base della *concha* da cui si diramano i raggi esterni. Per chi invece soffrisse di ansia da freccia, nel caso in cui ci si dovesse perdere, sarà sufficiente andare in direzione della prima chiesa per ritrovarlo, infatti il cammino ci passa sempre appresso.

Superata l'autopista fuori Colunga si risale verso il

silenzio dei pascoli fino a Pernús. Parroquia San Pedro de Pernús. A Priesca, punto più alto prima della ridiscesa verso Serbayu, si domina a 360 gradi la vallata e ci si sente subito ripagati dalla fatica della scalata. Anche l'oceano lontanissimo riappare come una nuvola passeggera all'orizzonte. Iglesia de San Salvador de Priesca.

Da Serbayu a Villaviciosa (*14.775 abitanti*) si segue l'autopista A-8 che conduce all'estuario della ría de Villaviciosa dove sorge l'omonima città. Il suo toponimo significa *"villa fértil"*, città fertile, e all'interno del suo municipio si trova un repertorio completo di opere risalenti all'epoca e romana e preromana, tra le quali si distingue il complesso architettonico di San Salvador de Valdediós, la cui chiesa è conosciuta popolarmente con il nome di «*el Conventín*», che offre accoglienza ai pellegrini che si dirigono a Oviedo percorrendo il Camino Primitivo.

Seguendo il profilo della ría de Villaviciosa immersi nel verde di un grande parco urbano, si esce dalla città in direzione nord-ovest verso San Juan de Amandi. È proprio qui, all'altezza di Camoca che s'incontra la deviazione per il Camino Primitivo che scende a Oviedo.

Conosciuta anche come Ruta Jacobea Primitiva o Ruta Interior del Camino de Santiago del Norte, comprende il cammino che separa Oviedo da Santiago de Compostela, passando per Lugo. Non è un caso che il percorso porti l'appellativo di *primitivo*, in quanto la sua storia è all'origine del Camino de Santiago. Fu il re Alfonso II el Casto, venuto a conoscenza del ritrovamento della tomba dell'apostolo Santiago nel IX secolo, ad intraprende il viaggio che dalla corte di Oviedo si dirigeva verso Compostela per venerare la tomba del santo, diventando così il primo pellegrino jacobeo della storia e il Camino

Primitivo la prima via di peregrinazione percorsa a Santiago. La città di Oviedo, capitale del regno, diventa così uno dei punti nevralgici per la peregrinazione, almeno finché il ruolo di capitale non viene trasferito a León conferendo maggior importanza alla *ruta de los franceses* e convertendola nella via principale verso la Città Santa.

L'importanza storica della città di Oviedo perdurerà però nel tempo tanto da renderla una tappa imprescindibile sulla rotta jacobea, meta di peregrinazione per tutti quei fedeli che vogliano venerare le sacre reliquie che la Santa Iglesia Basílica Catedral Metropolitana de San Salvador, anche conosciuta come Sancta Ovetensis, custodisce al suo interno.

Nella Cámara Santa, dichiarata patrimonio dell'umanità dall'UNESCO nel 1998, si trovano infatti alcuni degli oggetti più pregiati della cattedrale tra cui: la Cruz de la Victoria, il simbolo rappresentativo del Principato de Asturias; la Cruz de los Ángeles, donata alla cattedrale proprio da Alfonso II el Casto re delle Asturias e secondo la leggenda opera di due angeli orafi che si presentarono al re come pellegrini; il Santo Sudario de Oviedo, un panno di lino macchiato di sangue che alcuni credenti pensano essere uno dei sudari che hanno avvolto il corpo del Cristo come scritto nel vangelo di Giovanni(*20,7*) apostolo; l'Arca Santa proveniente da Gerusalemme, contenente alcune reliquie di Gesù e Maria, tra le quali proprio il Santo Sudario.

Il cammino prosegue verso Gijón attraverso la campagna bruciata dal sole seguendo la riva del río de Valdediós, fino all'autopista. Una volta attraversata il percorso comincia a salire rapidamente arrampicandosi su sentieri di montagna verticali in direzione di Peon verso la cima dell'Alto de la Cruz (*400m*).

Lo ripeto come un mantra tra i denti, Alto de la Cruz, Alto de la Cruz, il punto più alto, il punto di vista perfetto. Capita spesso che maggiori siano le difficoltà incontrate sulla strada per i propri desideri, maggiore sarà la gratificazione nel raggiungerli. Così è Alto de la Cruz: sudore e incanto, che se sbatto le braccia come ali al vento mi sembra di volare. La stessa sensazione provo una volta raggiunto l'Alto de Curbiello dopo aver ridisceso la Valle de Peon per risalire dall'altra parte. La visione di Gijón vista dall'alto, avvolta dalla nebbia fine della sera, quando le luci della città sono sul punto di accendersi. Poi il mare piatto sull'orizzonte che s'incastra con la riva, il suono lontano delle onde, Gijón che ogni minuto che passa cambia colore. Anche questa salita valeva tutta la fatica, uno sbattere d'ali che eleva al cielo. Il rincontro con l'Atlantico non poteva essere più dolce.

ALBERGUES

SERBAYO
Albergue de Sebrayo
Address: Sebrayo
Beds: 14
Phone: +34-699-440-399

GIJÓN/XIXÓN
Albergue de peregrinos Gijón (Camping Deva)
Address: Camín de la Pasadiella, 85. N-632, km. 64
Beds: 36
Price: 6 €
Phone: +34-985-133-848

20. GIJÓN/XIXÓN - AVILÉS (24,9 km)

La settimana compresa dalla Domenica delle Palme e la Pasqua diventa teatro di quella che probabilmente è la festività più sentita in terra spagnola: la *Semana Santa*. Le strade si riempiono di persone e il sentimento religioso cattolico raggiunge il suo apice massimo. Le processioni, messe in scena con l'intento di riprodurre la Passione di Cristo, abitualmente organizzate dalle *cofradías* (confraternite), possono durare anche tutta la notte. Elementi fondamentali delle sfilate sono i carri, portati a spalla dai *costaleros* (portantini), che rappresentano scene di vita della Madonna e del martirio di Cristo; e i cosiddetti *nazarenos* o *penitentes* (penitenti), che sfilano per strade indossando i tipici cappucci spagnoli a forma conica, armati di torce e con il volto coperto.

Ho deciso di fermarmi due giorni per assistere alle celebrazioni rispettivamente nelle città di Oviedo e di León, capitale della comunità autonoma di Castiglia e León, dove la festività ha un'importanza storica particolare. È l'occasione anche per visitare due delle città più rappresentative dei percorsi jacobei in terra spagnola: il Camino Primitivo e il Camino Francés dell'interiore.

Dopo due giorni però la voglia di uscire dalla claustrofobia cittadina dove l'occhio non ha respiro, diventa insopportabile. Ormai il silenzio e la quiete sono diventatati la mia normalità necessaria. Normalità che ritrovo solamente per qualche istante sull'Alto del Monte

Areo attraverso la tappa che mi condurrà ad Avilés (*77.854 abitanti*).

M'incammino sul percorso che attraversa la periferia di Gijón verso est. Il paesaggio è quello monocromatico che conduce alla zona industriale fatta di ciminiere sempre attive e condutture infinite di metallo. Anche il cielo grigio è attraversato da venature color ruggine e nemmeno le note calde della mia armonica SilverStar in chiave di Do, comprata a Gijón, riesce a scalfire l'atmosfera. La vista di quel paesaggio è un'offesa all'anima e all'intelligenza umana che qualcuno chiama 'progresso'.

Superata la zona industriale comincia la salita verso i *250m* circa di altezza del Monte Areo. Al Barrio Poago trovo un punto di ristoro per pellegrini. Le indicazioni segnano 16 chilometri ad Avilés e 320 a Santiago de Compostela. C'è qualche limone maturo, acqua per dissetarsi e una piccola cassetta porta messaggi dove lasciare un pensiero al prossimo avventuriero.

Si risale lo sterrato tra le piantagioni giovani di eucalipto fino alla cima del Monte Areo, dove si trova una delle necropoli più grandi della Spagna che conserva elementi funerari risalenti tra i cinquemila e i tremila anni fa, come è il caso dei *dólmenes*. Seguendo la Ruta de los Dólmenes de San Pablo, denominazione che deriva dall'esistenza in passato di una cappella dedicata all'omonimo apostolo, oggi andata perduta; si devia del percorso segnalato del Camino per visitare gli antichi *dólmen*. Si tratta di vere e proprie tombe formate da una camera mortuaria alta e capiente, ricoperta da strati alternati di sedimenti e sovrastata da pesanti pietre megalitiche addossate una sull'altra.

Ci si ricongiunge al percorso sulla via per Santa Eulalia, dove un tracciante dritto d'asfalto taglia la pianura fatta d'erba verde, pascoli, ginestre, gazze ladre e gabbiani di terra. La fine del paesaggio agreste della valle coincide con il rincontro della statale AS-19 che fiancheggia l'Autovía del Cantábrico passando per il Polígono Industriale di Tabaza. Ho finito aggettivi, metafore, iperboli, per descrivere gli ettari di fabbriche che dominano la vista. Il paesaggio non ha più nulla da offrire, prendo il bus per gli ultimi chilometri a Avilés.

ALBERGUES

AVILÉS
Albergue de peregrinos Pedro Solís
Address: Gutiérrez Herrero, 4
Beds: 80
Price: 5 €
Phone: +34-669-302-676

21. AVILÉS - EL PITO (22 km)

La promessa del mare che il percorso jacobeo verso Cudillero (*1.622 abitanti*) presenta al pellegrino è una promessa mantenuta solo a metà. Il percorso infatti trascorre parallelo al litorale, però troppo incarnato verso il sud dell'interiore, trasformando l'oceano del Golfo di Biscaglia in una *fata morgana* che appare e scompare inafferrabile alla vista.

Si comincia attraversando Avilés in direzione nord fino ad arrivare a Salinas, sul Mar Cantábrico. Qui decido da subito di abbandonare il cammino per seguire la rotta del mare da costa a costa, tagliando fuori la città di Pietrasblancas (*9.544 abitanti*) fino alla foce di uno dei fiumi più importanti del Principato: il río Nalón.

Attraverso la lunga e stretta playa de Salinas battuta da onde impetuose, per proseguire sull'Avenida San Juan Sitges, unica via percorribile che si snoda lungo la costa attraverso gallerie e finestre d'acqua, fortemente trafficata da ciclisti e corridori, per arrivare a playa de Arnao nel municipio di Castrillón. Nell'anno 1591 viene scoperta da Fray Agustín Montero una pietra nera sulla costa di Arnao e con il permesso del re Felipe II inizia l'estrazione del carbone fossile, trasformando l'attività nella prima miniera di carbone documentata della Penisola Iberica. Nel 1833 la fondazione della Real Compañía Asturiana de Minas de Carbón rappresenta uno dei capitoli più importanti della storia industriale spagnola; attorno ad essa si sviluppa un vero proprio quartiere operaio, quello di Arnao. Oggi la miniera è diventata un museo dove è possibile visitare una parte delle gallerie costruite sotto il mare, l'unica in Spagna, e la prima nella Asturias ad avere un pozzo verticale.

Da Arnao fino a Bayas seguo la Senda Norte, un percorso di 10 chilometri che si snoda sul litorale marittimo in un continuo sali e scendi che tocca tutte le spiagge della costa incastonate tra le scogliere. Il paesaggio porta con sé i segni indelebili del lavoro d'estrazione mineraria e playa de Santa Maria del Mar ne è l'esempio perfetto con la sua spiaggia di sabbia nerissima, colorata dai residui di carbone che le onde del mare depositano sul bagnasciuga. Allo stesso tempo il panorama nel quale si è immersi è l'essenza vera del Camino del Norte e ben presto mi scontro con la mia ignoranza nel trovare metafore o appellativi con il quale descriverlo. L'unica maniera è quella di viverlo, e anche il sole di tanto in tanto butta l'occhio tra le nuvole per non perdersi lo spettacolo della costa.

In ordine incontro: playa de Bahínas con la sua sabbia nerissima e la lunga (4 chilometri) e stretta playa Bayas, una delle più belle delle Asturias. Un mosaico di colori perfetti: l'azzurro, il giallo e il rosso dell'acqua, il bianco della spuma e la spiaggia color carbone. Seguire le spiagge sulla Senda Norte è un po' come seguire le chiese lungo il cammino "convenzionale".

Arrivo a San Juan de la Arena (*1.531 abitanti*) sulla riva orientale della foce che il río Nalón forma incontrando il Mar Cantábrico, conosciuta per la pesca dell'anguilla. Sono costretto a risalire il fiume verso l'interiore fino a Soto del Barco, che prende il nome dall'antica imbarcazione utilizzata nel passato per spostarsi da una sponda all'altra del Nalón; passando per El Castillo, un pittoresco borgo di pescatori formato da antichi casolari e impreziosito dalla fortezza di San Martín: punto privilegiato per godere lo scenario della foce.

Ritrovo il cammino jacobeo, lasciando il mare in direzione di Muros de Nalón (*1.322 abitanti*), sulla sponda opposta del fiume, per addentrarmi tra i sentieri del bosco fino a El Pito. Decido l'ultima digressione per visitare il pittoresco paesino di pescatori di Cudillero. La struttura urbana è cresciuta intorno al porto arrampicandosi sui pendii che circondano la baia formano un anfiteatro di case dall'aspetto mediterraneo immerse tra natura e mare. Ho bisogno di pace e solitudine. A Cudillero ormai il turismo di massa ha ucciso il romanticismo. Risalgo la costa finché incontro un fazzoletto di terra verdissima che incornicia il mare. Lì butto la mia tenda.

Birra, armonica e il mio taccuino per gli appunti, aspettando il tramonto che accende il cielo.

22. EL PITO - SOTO DE LUIÑA (11,7 km)

Notte densa di sogni sotto le stelle. Al risveglio ogni pensiero è anestetizzato, la percezione del tempo dilatata, tanto da farmi percepire il viaggio come appena cominciato. Mi sento così pieno di cose vissute, febbricitante d'avventura e di spazi, ma in verità ancora troppe sono da vivere che provo nostalgia sia per quello che lascio che per quello che dovrò ancora trovare. Alla fine di tutto tirerò i conti, mettendo a confronto attività e passività, per fare il saldo di questa impresa meravigliosa che si chiama vivere.

La destinazione è Soto de Luiña (*477 abitanti*), il cammino quello di Santiago del Norte. Il percorso da El Pito ridiscende a valle attraverso sentieri e strade di campagna, per allacciarsi quasi subito all'Autopista A-8 seguendo la statale che la costeggia e si sovrappone ad essa costantemente.

Mi lavo nel primo ruscello e riparto alla ricerca di un caffè, oggi più che mai necessario. È una giornata senza pretese, di riposo, utile per riorganizzare le idee nel caos degli arrivi e delle partenze affrettate. Un giorno che si preannuncia banale in mezzo a tanti straordinari, ma comunque eccezionale rispetto alla quotidianità. Domenica 6 aprile, Pasqua, ultimo giorno della follia collettiva portata dal *Semana Santa*. Domani sarà il ritorno alla normalità.

Priorità di oggi: trovare un posto dove dormire e mangiare, un bagno nell'oceano, scrivere il diario di viaggio.

Priorità nell'immediato: caffè e acqua, ricaricare il cellulare e comprare le sigarette.

A metà del percorso finalmente arrivo a Playa Concha de Artedo dove respiro nuovamente l'aria dell'oceano in tutta la sua bellezza. A poco a poco sto finendo le parole per descrivere ciò che vedo; per ciò che sento invece, non sono state ancora inventate. Mi fermo a Casa Miguel, un ristorante di mare arroccato sulla spiaggia. Vino tinto e qualche ora spesa a riempire le pagine del mio diario di bordo. Così assolvo alle priorità urgenti della giornata.

Mi immergo nuovamente verso il sud dell'interiore attraverso l'ordinata campagna asturiana dei piccoli borghi, metropoli di pietre, ruderi, rampicanti e legno, per rincontrare la *carretera* che conduce al piccolo paese di Soto de Luiña.

ALBERGUES

SOTO DE LUIÑA
Albergue de peregrinos Soto de Luiña
Address: Antigua escuela de Soto de Luiña
Beds: 22
Price: 5 €
Phone: +34-985-596-283

23. SOTO DE LUIÑA - CADAVEDO (23,1 km)

Sulla facciata frontale dell'Eremita de la Regalina, sulla costa di Cadavedo (*537 abitanti*), meta di questa ventiduesima tappa, è affissa una targa in marmo sulla quale sono scolpite le parole:

"Al Padre Galo (o.m.i) inspirador de este romería. Enamorado de Cadavedo y gran devoto de la Regalina"

(A Padre Galo (o.m.i) ispiratore di questo pellegrinaggio. Innamorato di Cadavedo e grande devoto della Regalina)

Galo Antonio Fernández era un religioso e poeta asturiano, nato a Cadavedo nel 1884 e morto a Luarca nel 1939. Durante gli ultimi anni della sua vita i problemi di salute lo costrinsero a tornare alla città natale, dove lavorò come parroco e si fece promotore del recupero dell'antica festa della patrona della città: la Virgen de la Riégala o Regalina, che tornò a celebrarsi a partire dal 1931. Dichiarata di interesse turistico regionale, la festa viene celebrata l'ultima domenica di agosto di ogni anno.

La tradizione orale racconta che un contadino che camminava nei pressi del Campo de la Regalina, incuriosito dal suono di una campana, fatta oscillare probabilmente per effetto del vento, cominciò a cercare la fonte di quel suono, incontrando all'interno del tronco di un castagno l'immagine della Vergine.

È qui, in quello che oggi si chiama campo de La Garita, che per iniziativa di Padre Galo venne costruita l'Eremita de la Regalina, sopra un promontorio di straordinaria bellezza capace di attrarre i devoti alla Vergine e i pellegrini.

Il cammino della montagna, l'antica via di pellegrinaggio conosciuta come la via de La Palancas è un percorso accidentato che la fitta vegetazione rende difficilmente percorribile; la via migliore per percorrere gli 8 chilometri che separano il paese di Novellana (*218 abitanti*), rimane a detta di molti, la *carretera* che si snoda attorno all'Autovia del Cantábrico. Anch'io decido di seguire la via asfaltata per guadagnare tempo in previsione della costa. Non incontro una macchina durante tutto il tragitto, si attraversano segmenti di bosco e a tratti l'oceano riappare in lontananza. Il passo è veloce, il cielo limpido e il vento del nord implacabile. All'ingresso del paese di Novellana una targa in ceramica recita:

"Premio Principe de Asturias al pueblo ejemplar: 1992, Novella. Pueblo mas bonito de Asturias, 1962"

(Premio Principe de Asturias al paese esemplare: 1992, Novella. Il paese più bello di Asturia, 1962)

Da qui trovo una via per l'oceano, verso una delle spiagge più famose delle Asturias: playa del Silencio, anche conosciuta come *El Gavieru*. È un anfiteatro di roccia affilata alta 330 metri a strapiombo sul mare, delimitato da un'arcipelago di scogli che si ergono dalla tavola piatta del mare come parallelepipedi bianchi che rompono le onde.

La costa qui ha un sapore mediterraneo bagnato dal sole primaverile e ricoperta da brulli rovi secchi e pini marittimi. Perfino l'acqua, verde e limpida come uno smeraldo, rimane muta ad ammirare l'orizzonte in un rispettoso silenzio che toglie il fiato.

"Il mare
Nel cielo estivo confonde
I suoi bianchi flutti ovini
Con gli angeli così puri
Il mare pastore d'azzurro
Infinito"

[Charles Trenet - La Mer]

Si prosegue per un tratto di bosco fino a Santa Maria (*160 abitanti*) dove invento un nuovo percorso verso il mare fino ad arrivare a playa Gueiruá, vista mozzafiato sulla baia rigata dagli *flysch*. Dal piccolo borgo di Ballota (*140 abitanti*) s'incontra la variante costiera che segue la pancia del litorale fino a Cadavedo, passando per playa de Ballota fatta di piccole pietre modellate dall'acqua. Il percorso è un continuo sali e scendi dai costoni che s'innalzano sulla riva, alla scoperta di baie nascoste tra le pareti verticali degli scogli, con prospettiva dall'alto e sulla spiaggia. L'ultima risalita è quella che porta a Cadavedo. Prima di entrare in paese imbocco la deviazione verso la Punta de Cuerno dove sorge la piccola cappella colorata, bianca e azzurro, della Regalina. Si erge sopra la limpida prateria del promontorio de La Garita che spacca in due la costa creando un panorama unico sulla playa de la Ribeirona e il resto del litorale. Da una parte, a levante, il

111

tratto di costa già percorso, a ponente quello ancora che rimane. Nel mezzo il mare infinito solcato dal volo dei gabbiani cullati dalle correnti d'aria, come aquiloni liberi da qualsiasi filo.

ALBERGUES

CADAVEDO
Albergue de peregrinos Cadavedo
Address: N-632a
Beds: 13
Price: 5 €
Phone: +34-985-645-320

24. CADAVEDO - LUARCA (14,4 km)

Sveglia alle 6 di mattina. Mi dirigo al Campo de la Regalina con Andrea de Roma per vedere sorgere il sole dal mare. Ad ogni passo l'intensità della notte si trasforma, cambia gradazione di colore incalzata dalla luminosità che cresce. In lontananza un faro pulsa come il battito di un cuore sulla riva, mentre sulla linea dell'orizzonte che divide il mare dal cielo una coperta di nubi basse si stende sotto le stelle, bagnandosi dei primi raggi mattutini che accendono il cielo. Intorno solo il rumore delle onde sugli scogli e quello del vento che si alza timidamente sull'erba. Il cielo è spaccato in due: giorno a oriente e notte a occidente. Nello stesso cielo luna e sole condividono lo spazio per qualche istante, poi l'alba scavalca le nuvole basse sopra il profilo della costa, illuminando il mondo.

Il percorso per Luarca (*4.314 abitanti*), capitale del municipio di Valdés, si svolge quasi tutto sulla *carretera* asfaltata attorno all'Autovia del Cantábrico che assorbe tutto il traffico pesante lasciando la statale praticante deserta.

Quando parto ho ancora gli occhi pieni dello spettacolo dell'alba che rimpicciolisce tutto il resto. Così, superato il río Canero (o Esva), e attraversata playa de Cueva sulla sponda occidentale della foce, decido di abbandonare il cammino per seguire nuovamente la costa. La spiaggia è di sabbia finissima, bagnata dal mare spinto dal vento e all'orizzonte le tinte celesti di acqua e cielo si confondono.

Inseguo il sentiero che si arrampica sul promontorio che s'innalza sul vertice ultimo della spiaggia e proseguo sul perimetro della costa attraverso boschi di pini marittimi che delimitano la campagna, finché il sentiero non finisce bruscamente nel nulla di uno strapiombo a picco sul mare, costringendomi a rientrare verso l'interiore per ricongiungermi alla rotta jacobea.

Dopo tanti chilometri percorsi finora comincio a percepire una sorta di stanchezza nel nomadismo itinerante di ogni giorno. Non stanchezza fisica e nemmeno ansia di non riuscire a vedere tutto quello che c'è da vedere lungo il percorso. È più una forma di nostalgia lieve per la stanzialità, un bisogno di riempirsi la pancia dei luoghi, delle persone, fino a esplodere. Sono stanco del mordi e fuggi della contemplazione passeggera; troppo pieno di cose vissute che si accumulano sotto pelle giorno dopo giorno, senza il tempo per metabolizzare. Tradotto in termini sociali: assenza di relazioni interpersonali stabili e di abitudini.

Nella città marittima di Luarca, fatta di scalinate di granito nero che dal centro si diramano sui pendii urbani che la circondano, convivono anime diverse della città: la Luarca dei pescatori come l'antico *barrio* medievale di La Pescadeña o La Carril, che circondano il porto; la Luarca borghese del centro urbano con i suoi palazzi signorili; la Luarca costiera con le sue due spiagge e la Luarca fluviale che segue la coda del río Negro sulla quale sorge.

Il luogo perfetto per passare la notte aspettando un nuovo inizio.

ALBERGUES

ALMUÑA
Albergue de peregrinos Almuña
Address: Ctra. AS-220, s/n
Beds: 22
Price: 10 €
Phone: +34-666 10 86 09

25. LUARCA - A CARIDÁ (29,5 km)

Il sole è già alto nel cielo all'Eremita di Luarca, mentre la città di sotto, immersa nel suo cono d'ombra, attende ancora il primo tepore mattutino. Dormono i tetti neri delle case ammassate una sull'altra sui due versanti che racchiudono in un fazzoletto la città, dormono le barche al molo cullate dalle onde, il faro bianco sullo sperone più lontano che s'insinua nel mare.

Appena fuori Luarca s'incontrano i resti dell'Antica Iglesia y Cementerio de Santiago risalente al X secolo, inselvatichita dalla natura che adesso la abita e nemmeno sembra più cosa degli uomini, se non una memoria lontana che il paesaggio lentamente, a ogni giro d'epoca, riassorbe. È l'inizio di un nuovo giorno di cammino nell'interiore della campagna asturiana, in mezzo al canto del gallo, ai campanacci dei bovini al pascolo e agli sciami di moscerini che si addensano a macchie nell'aria intrisa dell'odore del letame. Il verde si stende in ogni direzione e il vento del nord diventa una lieve brezza sulla pelle capace di mitigare l'arsura del sole che nella sua parabola verso l'alto martella la terra con sempre più insistente vigore. È difficile trovare punti di riferimento nel panorama contadino, tutto si assomiglia nel suo splendore. Non è fatto da punti d'osservazione stabili, ma da un continuo fisso che riempie lo sguardo. Ho quasi l'impressione di camminare sempre sulla stessa strada senza muovermi di un passo. Attacco la musica e avanti dritto fino a Piñera (*409 abitanti*).

*"Lenzuola bianche per coprirci non ne ho
sotto le stelle in Piazza Grande,
e se la vita non ha sogni io li ho e te li do.*

*E se non ci sarà più gente come me
voglio morire in Piazza Grande,
tra i gatti che non han padrone
come me attorno a me"*

[Lucio Dalla - Piazza Grande]

Raggiunto il punto di vista più alto del percorso odierno, seguendo il sentiero che si arrampica sopra la linea dell'autopista all'altezza di El Relion, il paesaggio di sotto si apre come un lenzuolo sbattuto all'aria. Una sconfinata tavola piatta dove i prati coltivati si alternato a macchie boschive e ai piccoli borghi; tutto chiuso nel lembo di terra tra mare e cielo fino alla città di Navia (*4.101 abitanti*) che si stende sulla foce dell'omonimo río e oltre. E in effetti, ridisceso il piccolo promontorio, il percorso diventa piano e l'orizzonte si appiattisce sulla linea della strada. Appena fuori Navia fino a La Caridá (*1.850 abitanti*), anche chiamata La Caridad, nome che si dice derivi dalla benevolenza con cui il paese accoglieva i pellegrini in viaggio verso Santiago, si segue la *carretera* dritta e ormai il panorama non ha più nulla di nuovo da offrire.

A playa de Castello, ormai giunto a destinazione, mi concedo il secondo battezzo nelle acque gelide del Mar Cantábrico, sotto il sole cocente di una giornata d'estate anticipata.

ALBERGUES

PIÑERA
Albergue de peregrinos Piñera
Address: Carretera N-634
Beds: 20
Phone: +34-985-472-171

A CARIDÁ
Albergue de peregrinos A Caridá
Address: Avenida de Asturias
Beds: 18
Price: 5 €
Phone: +34-685-154-405

26. A CARIDÁ - RIBADEO (23,5 km)

Ribadeo (*6.792 abitanti*) è la fine delle Asturias e l'inizio della Galicia, il confine è segnato geograficamente dalla foce del río Eo che nel suo tratto finale prende il nome di ría de Ribadeo, sul quale sorge la città. Però Ridabeo è soprattutto l'addio del percorso jacobeo alla costa. Lo si percepisce chiaro durante tutto il cammino della tappa da segni inequivocabili come la costante vicinanza al mare sul bordo ultimo della costa, per fare scorta di paesaggi e di odori; Santiago de Compostela che si avvicina nel cuore della Galicia; quest'ultimo scorcio d'acqua della ría de Ribadeo battuto dalla pioggia che si contempla dall'*Albergue de peregrinos* di Ribadeo adagiato sulla riva. È un addio in piena regola e allo stesso tempo il presagio di un cambiamento radicale del paesaggio e nel modo di percorrerlo.

Il percorso jacobeo in realtà offre al pellegrino diverse opzioni per arrivare in Galicia: il primo si snoda quasi completamente lungo la costa fino a Ribadeo passando per Tapia de Casariego; il secondo s'immerge quasi subito verso l'interiore allontanandosi dalla costa fino al paesino di Tol (*340 abitanti*) dove il pellegrino può decidere se riavvicinarsi in direzione di Castropol o Figueras alla foce del fiume, oppure proseguire nell'interiore passando per Vagadeo/A Veiga (*3.033 abitanti*), attraversando il confine Asturias-Galicia ad Abres (*205 abitanti*).

Io decido per la prima opzione e già dopo pochi

chilometri fuori A Caridá, seguo una via per il mare all'altezza di Valdepares, nel municipio di El Franco, per assistere al tratto di costa Castro de Cabo Blanco, chiamato così per il colore bianco caratteristico degli scogli. Qui durante il I e II secolo d.C. sorgeva un villaggio fortificato con fosse e muraglie che costituivano un importante apparato difensivo lungo la linea della costa, di cui sono ancora visibili i resti. Il panorama è magnifico: l'oceano si apre infinito sotto i raggi del sole mattutino mentre la spuma si scontra contro gli scogli color alabastro impennandosi verso il cielo. Qui riconosco la differenza di ogni dettaglio, ogni centimetro di mare e di roccia è diverso dall'altro e tra questi fiordi d'Asturias il tempo non sembra mai abbastanza per osservare il tutto. Il sentiero che seguo di chiama E-9 e si allaccia continuamente al camino jacobeo fino a destinazione.

La prima spiaggia che incontro è playa de Porcia, poco distante dalla località di Campos-Salave, di forma triangolare, costituisce l'estuario del río Porcía che durante le giornate di alta marea innonda completamente la spiaggia lasciando scoperti dei piccoli isolotti di sabbia emersa che ne accrescono la bellezza.

Alternando il sentiero E-9 e cammino jacobeo arrivo presto alla località marittima di Tapia de Casariego (*3.929 abitanti*). Mi fermo per qualche minuto all'*Albergue de peregrinos* di Tabia che si affaccia su una finestra magnifica di mare dove alcuni abitanti raccolgono il marisco sulla riva. Supero la spiaggia urbana di Tapia e playa Anguileiro poco distante, e proseguo lungo il pendio opposto della riva. La vista dell'oceano si alterna a vastissimi appezzamenti agricoli e campi di foraggio di ogni forma e colore seminati di rustici e fattorie, mentre una nebbiolina fine cala all'orizzonte portando promessa di tempesta. Il paesaggio appena fuori Tapia è un assaggio dei lunghi rettilinei che attraversano la tavola sconfinata della campagna che s'incontreranno nell'interiore della Galicia. In mezzo a questa vastità di spazi l'uomo diventa minuscolo come la terra a paragone della galassia intera. Un puntino insignificante sul telone colorato del mondo che s'illude troppo spesso di essere il centro dell'intero universo.

Sempre nel territorio del municipio di Tapia de Casariego in ordine incontro: playa de la Paloma o Esteiro; playa de Serantes situata alla foce del río Tol; playa de Peñarronda, al confine con il municipio di Castrol, incastonata tra le scogliere di La Robaleira y la Punta del Corno e attraversato dal piccolo corso d'acqua del río Dola che divide in due la spiaggia; e playa de Arnao da cui s'intravede il Ponte de Los Santos sopra la ría de Ribadeo che cuce la sponda che divide Figueras (*600 abitanti*) da Ribadeo, unendo le Asturias a la Galicia. Un poco più a sud la città di Castropol (*533 abitanti*), capitale dell'omonimo municipio, completa il terzo vertice del triangolo Figueras, Ribadeo sulla foce del fiume.

ALBERGUES

TAPIA DE CASARIEGO
Albergue de peregrinos Tapia de Casariego
Address: C/ San Martín, 13
Web: www.tapiadecasariego.es
Phone: +34-985 47 10 99

TOL
Albergue de peregrinos Tol
Address: Antiguas escuelas de Tol
Beds: 16
Phone: +34-687-515-135

RIBADEO
Albergue de peregrinos Ribadeo
Address: Carretera do Faro
Beds: 12
Price: 6 €
Phone: +34-982-128-689

27. RIBADEO - MONDOÑEDO (37 km)

In alcuni versi di Os Pinos, l'*himno* gallego (l'inno ufficiale della Comunità Autonoma della Galicia) basato sull'omonimo poema dell'autore Eduardo Pondal si trova scritto nella seconda strofa:

*"Nunca te olvides
de la injuria y el rudo encono;
despierta de tu sueño,
hogar de Breogán."*

(Non dimenticarti mai
del danno e l'aspra amarezza
svegliati dal tuo sognare
casa di Breogán)

E nell'ultima strofa:

*"pues, donde quiere, gigante,
nuestra voz pregona
la redención de la buena
nación de Breogán"*

(allora, dove vuoi, gigante,
la nostra voce annuncia
la redenzione della buona
nazione di Breogán)

Nel testo ci si riferisce poeticamente alla Galicia come la casa o la nazione di Breogán, colui che è considerato secondo la mitologia il padre e fondatore del popolo gallego. Secondo la tradizione irlandese del *Lebor Gabála Érenn* (Libro delle Conquiste Irlandesi), una raccolta di manoscritti del XI secolo che narra le storie delle diverse invasioni subite dall'isola, Breogán era un sovrano celtico nel territorio dall'attuale Galicia. Costruì nella città di Briganti, situata nel nord-est della *Península Ibérica*, riconducibile secondo alcune versioni alle attuali città di la Coruña oppure Betanzos, una torre talmente alta che dalla cima i suoi figli, Ith e Bile, riuscivano a scorgere una terra verdissima in lontananza. Spinti da tale visione partirono verso nord in direzione dell'Irlanda, dove Ith verrà ucciso. Decenni più tardi i discendenti di Breogán si vendicheranno dell'assassinio riuscendo a conquistare finalmente l'isola.

A partire dal secolo XIX, il mito viene diffuso dai racconti di cantastorie romantici galleghi trasformandolo in tradizione popolare, tanto che si arriverà a identificare la torre di Breogán con la torre di Hércules de La Coruña, vicino alla quale è stata eretta la statua del mitico sovrano fondatore della Galicia.

Anche un recente studio condotto dalla Università di Oxford nel 2006 ha dimostrato la correlazione genetica tra la popolazione attuale di Irlanda e Inghilterra con gli antenati provenienti dalla Galicia celta, conferendo veridicità alla storia.

Per chi come me ha scelto nella tappa precedente di attraversare l'estuario della ría de Ribadeo, la prima tappa in terra gallega si svolge sui soavi pendii dell'interiore che raggiunge il punto massimo di dislivello (*circa 350m*) a Villamartín Pequeño e Villamartín Grande.

Arrivando invece da San Tirso de Abres si attraversa il río Eo proseguendo verso ovest in direzione di Trabada. Si cammina per larghi tratti sull'asfalto e solo nel segmento finale si dovranno affrontare alcuni dislivelli prima di arrivare a Lourenzá (*2.776 abitanti*) dove i due percorsi si ricongiungono.

Dopo una lunga nottata di pioggia battente cominciata nel tardo pomeriggio, al mattino un timido sole si affaccia nel cielo di Ribadeo mentre attraverso Plaza de España allontanandomi dalla città e dall'ultimo ricordo di mare in direzione sud. Sulle onde di terra della campagna gallega e dei bassi boschi di eucalipto e pini avvolti dalle nuvole che si srotolano lungo la scacchiera dei campi arati, quelli lasciati a maggese e quelli dove il foraggio già tagliato ingiallisce alla luce del sole, arrivo a Vilela, 7km a sud di Ribadeo. Mi sono ormai lasciato alle spalle la costa del nord e se tracciassi una linea retta da Vilela al mare, incontrerei una delle spiagge più belle della Galicia: *la Praia das Catedrais* o *Praia de Augas Santas* (rispettivamente Spiaggia delle Cattedrali e Spiaggia delle Acque Sante), chiamata così per le particolari e numerose formazioni rocciose lungo la riva che formano un labirinto di archi naturali, attraversabili a piede durante la marea bassa, ponti naturali di roccia e scogli scavati dal vento. Troppo a nord del percorso per essere raggiunta.

In Galicia il sistema di segnalazione del cammino cambia nuovamente, non si segue più la base della *concha* come nelle Asturias, ma la direzione indicata dai raggi. Anche la forma degli *hórreo* cambia: la base delle piccole costruzioni ora è rettangolare, costruiti in legno o pietra e adornati con punte di pietra ai quattro angoli del tetto.

Per chi avesse una conoscenza anche minima della lingua portoghese, noterà sicuramente nella lingua *gallega* (la lingua ufficiale della Galicia oltre al *castellano*), una certa somiglianza. Infatti entrambe condividono una radice linguistica comune: quella *galaico-portugués*; che risuona nelle conversazioni delle taverne, nelle voci degli anziani, nei nomi delle città e dei paesi e nella musica tradizionale che si accompagna al suono nostalgico della *gaita gallega*, lo strumento più popolare della Galicia.

Superata la piccola comunità di A Ponte l'itinerario si disegna in direzione di Villamartín Pequeño dove comincia una lunga salita incorniciata dalle fila serrate di eucalipto che solo raramente concedono all'occhio lo spazio per allungarsi sul panorama di sotto. Dal punto più alto si ridiscende il versante verso il *pueblo*, per poi cominciare nuovamente la scalata dall'altra parte della valle a Villamartín Grande. Finalmente si arriva a Gondán dove ricomincia la pianura fino a Lourenzá. Dei quasi otto chilometri che separano Lourenzá da Mondoñedo (*5.007 abitanti*) il primo tratto sale nuovamente fino a San Pedro (*200m*) attraverso i boschi, poi il percorso si sovrappone alla *carretera* N-634, nella seconda metà, fino a destinazione.

Arrivo in quella che fu una delle sette capitali della storica provincia di Galicia al crepuscolo, quando le prime timide luci si accendono nelle vie strette del paese e sui balconi, mentre il silenzio di fine giornata è interrotto solo dai solitari passi sul ciottolato di chi ancora si attarda a passeggio. La presenza che la chiesa cattolica ha lasciato nel paese si percepisce come in pochi altri posti. Ovunque si alzi lo sguardo sulla linea dell'orizzonte si disegna la sagoma di un campanile e quando scocca l'ora esatta i diversi timbri delle campane si fondono in una melodia unica. Cammino ancora fino alla cattedrale nella piazza del paese. Qui incontrò la morte per decapitazione il Mariscal Pardo de Cela che durante l'Età Media del medioevo, si era convertito in *lider* e simbolo della resistenza gallega contro il potere centrale. La storia racconta che durante la riorganizzazione del potere politico di Castilla, i Re Cattolici (*Reyes Católicos*) cominciano il lavoro di annessione del Reino de Galicia assassinando le principali famiglie nobili del territorio. Don Pero Pardo de Cela, fratellastro del re Pedro I, si dichiara fedele al regno e contrario all'annessione al *Reino de Castilla*. Durante i tre anni in cui si protrasse la guerra tra *gallegos* e *castellanos*, Pardo de Cela resiste arroccato nel castello de A Frouxeira nella provincia di Mondoñedo finché non viene tradito da un proprio vassallo e arrestato dall'esercito castellano comandato dal capitano basco-francese Mudarra. Ora i fatti che riguardano l'esecuzione del Mariscal Pardo de Cela diventano quasi leggenda. I particolari hanno fatto correre fiumi d'inchiostro in forma di poemi, canzoni, novelle, saggi storici, rendendo l'avvenimento uno dei miti più conosciuti in Galicia. Il racconto tradizionale narra che la moglie del Mariscal, Isabel Pérez Osorio era riuscita a ottenere la grazia dalla reina Isabel la Católica per il marito condannato a morte, però mentre raggiungeva Mondoñedo per evitare l'esecuzione, i nemici del mariscal riuscirono a trattenerla, su quello che verrà poi ricordato come il ponte de O Pasatempo, giusto il tempo perché la pena venisse eseguita. Così il Mariscal Pardo de Cela viene giustiziato assieme al figlio Pedro di fronte alla cattedrale di

Mondoñedo. La sua testa decapitata dal corpo cominciò a rotolare lungo la scalinata della piazza, mentre le sua labbra ancora pronunciavano le parole *"creo, creo, creo"* (credo, credo, credo).

ALBERGUES

VILELA
Albergue de peregrinos Vilela
Address: Antiguas Escuelas
Beds: 34
Phone: +34-982-12-86-89

GONDÁN
Albergue de peregrinos Gondán
Address: Gondán, s/n
Beds: 30
Phone: +34-982 14 40 72

SAN XUSTO
Albergue de peregrinos San Xusto
Address: O Corveiro, s/n
Beds: 14
Phone: +34-982-14-40-72 (bar A Curva)

LOURENZÁ
Albergue de peregrinos Lourenzá
Address: Campo de la Gracia
Phone: +34-652-186-731

MONDOÑEDO
Albergue de peregrinos Mondoñedo
Address: Calle Alcántara
Beds: 24
Price: 6 €
Phone: +34-629-469-561

28. MONDOÑEDO - VILALBA (37,1 km)

Il tratto di percorso fino ad Abadín (*2.646 abitanti*) si caratterizza per essere uno dei più duri in terra gallega, con una spettacolare salita verso A Xesta (*550m*) attraverso boschi pieni di specie autoctone, dove la presenza umana è solo una comparsa sul copione della montagna. La seconda metà del cammino a Vilalba (*5.945 abitanti*) invece scorre sulla larga pianura della comarca di A Terra Chá (*Tierra Llana in castellano*), la più estesa della Galicia, dove si concentra una grande produzione agricola destinata in maggior parte alla coltivazione di patate, grano e foraggio.

Lascio Mondoñedo alle prime luci dell'alba mentre il sole a poco a poco si appiccica al paese riscaldando l'aria. Dall'alto scopro le quattro chiese e la cattedrale con una visuale più ampia, tutte e cinque racchiuse nello stesso colpo d'occhio, mentre i rintocchi delle campane si alternano tra loro e si sovrappongono al canto del gallo che chiama al risveglio il *pueblo* che dorme. Si continua a salire lungo il sentiero di montagna dove il paesaggio lentamente si apre sull'orizzonte, man mano che si sale, disegnando il profilo di un ampia vallata costellata da piccoli borghi e cascine di campagna. Sulla sponda del versante opposto una fila di pale eoliche spinte dal vento emergono a tratti dalla foschia bassa come moderni mulini a vento che mescolano l'aria.

Appena 2 chilometri dopo Mondoñedo incontro il rurale "*O Bisonte de Maariz*", una sorta di casa aperta che accoglie i pellegrini lungo il cammino offrendo alloggio per la notte, pietanze fatte in casa ed ecologiche e colazione. Mi fermo per scambiare qualche parola con la proprietaria, una vivace pittrice che si fa chiamare Zilí Katova. Mi mostra la casa, mi racconta la storia dei suoi quadri poi, prima di riprendere il cammino, facciamo colazione con arance di campo, miele fatto in casa e *caffè con leche*.

Si attraversa tutto il bosco sul sentiero verticale dove la minoranza di eucalipti si mescola alla maggioranza assoluta di faggi, pini e abeti, fino a raggiungere l'*alto de A Xesta*, punto più alto della tappa; luogo perfetto per riposarsi dopo la lunga salita e per ammirare il panorama di sotto. Attraversata la *carretera* si ritorna sul sentiero di terra battuta e superate le limpide acque del río Gontán, si arriva ad Abadín.

Addentrandosi nel cuore della comarca A Terra Chá il cammino diventa sempre più pianeggiante, con pochi sali e scendi, alternando strada asfaltata e sentieri di campagna con spesse gallerie di alberi e piccole località contadine come quella di Castromaior. All'altezza dell'Alto de Martiñan, il Ponte Vella de Martiñan, risalente al XVII secolo e formato da due grandi archi disuguali in granito, offre un passaggio sul río Batán verso l'antico percorso medioevale che porta a Vilalba, capitale della comarca. Il carattere rurale di questo segmento di percorso si manifesta a pieno nella piccola comunità di Goiriz (*758 abitanti*), appena 5 chilometri prima di Vilalba, dove è la natura a dare il nome ai suoi *barrios*, fin dall'antichità. Esempi di questi toponimi sono: Outeiro (*collina*), Touza (*monte popolato dai cavalli*), Liñares (*coltivazione di lino*), Fontao (*piccola fonte o laguna*), ecc…

Infine Vilalba, a cui si accede attraversando il poligono

industriale dove si trova l'*Albergue de peregrinos*, punto d'arrivo di questa ventisettesima tappa.

ALBERGUES

ABADÍN
Albergue de Gontán
Address: Carretera de Labrada
Beds: 26
Phone: +34-616-251-462

VILALBA
Albergue de peregrinos Vilalba
Address: Rúa do Castiñeiro, Polígono industrial de Vilalba
Beds: 48
Price: 6 €
Phone: +34-659-494-969

29. VILALBA - BAAMONDE (21,7 km)

Supero le stradine strette di Vilalba, lasciandomi alle spalle il *casco antiguo* dove troneggia la Torre del Homenaje del Castillo de los Andrade, trasformata nell'attualità in un *Parador de Turismo* (hotel di lusso). Il percorso scende decisamente verso il sud dell'entroterra e si snoda nel primo tratto lungo il sentiero fluviale che attraversa un grande parco pubblico, per poi riprendere il filo del discorso interrotto il giorno prima sulla via medievale. La fitta nebbia mattutina che avvolge il mondo in una colte spessa e senza luce trasforma la realtà in sogno o forse nel ricordo di un tempo passato. E in effetti si ha la sensazione precisa di essere catapultati in un'epoca lontana, dove ancora i campi sono arati con l'aiuto degli animali, si semina a mano e si taglia il foraggio con la falce, ciocca a ciocca. Un medioevo "contemporaneo" che resistere inalterato allo scorrere del tempo, tra le stradine non battute, le pannocchie appese a seccare sui balconi, la legna tagliata del bosco, le galline libere sulle aiuole, il letame steso sui campi che fuma mischiandosi alla nebbia che con l'avanzare del giorno si dirada. È anche la tappa dei ponti antichi: si attraversano in ordine Puente Rodriguez, poco più avanti Puente de Suerte e a metà della tappa il magnifico Puente de Saa, formato da due archi a sesto acuto e una dozzina di *alviadoiros*, canali che permettono il deflusso dell'acqua durante le piogge. Il cammino dell'interiore inizia a coincidere con la riscoperta del passato.

A mezzogiorno ogni nuvola è dissolta e il sole vibra alto nel cielo rendendo tutto più colorato. Si supera il paese di Alba, attraversando la pianura dei campi e dei piccoli borghi contadini che molto spesso non hanno neppure un nome proprio. Questa volta il paesaggio è un incontro con la letteratura. I campi si popolano di vita e di lavoro, di vecchi e di bambini. Con l'arrivo del bel tempo arriva anche il momento dei trapianti, della cura alla semenze e degli orti. Finalmente la vita sboccia con tutta la sua semplice bellezza, lontana dai tentacoli di una modernità che impoverisce e divide.

L'ultimo tratto da percorrere è un lungo rettilineo d'asfalto sulla solita *carretera* N-634 fino a Baamonde (*370 abitanti*).

ALBERGUES

BAAMONDE
Albergue de peregrinos Baamonde
Address: Avenida de Terra Cha, 9
Beds: 94
Price: 6 €
Phone: +34-628-250-323

30. BAAMONDE - SOBRADO DOS MONXES (40,1 km)

Dopo alcuni chilometri sulla *carretera* nazionale seguendo il corso del río Parga s'incontra la colonnina jacobea che segnala l'inizio degli ultimi 100 chilometri a Santiago de Compostela. Qui si svolta a sinistra attraversando l'antico ponte medievale che consente il passaggio sopra le acque del río e che coincide con l'inizio del percorso chiamato *Ruta dos Bidueiros* (via delle betulle). Da qui fino a Sobrado Dos Monxes (*Sobrado de los Monjes in castellano, 320 abitanti*) la *naturaleza* domina incontrastata sopra tutte le cose e la presenza umana si riduce a qualche cascina di campagna sparsa qua e la nel paesaggio montano. Già dopo qualche metro, perfettamente inserita nell'ambiente circostante, s'incontra la Capela e Fonte de San Alberte, in stile gotico, risalente al XIV secolo; utilizzata anticamente come *hospital de peregrinos* (rifugio per pellegrini). Si racconta che l'acqua che sgorga dalla sua fonte possegga proprietà miracolose in grado di guarire le persone affette da problemi di linguaggio.

Si prosegue in mezzo al nulla, che in questo caso non assume l'accezione negativa di "assenza", bensì di presenza costante e piena della natura. Il termine assume un nuovo significato a seconda della persona che lo pronuncia. Per me quel "nulla" significa "tutto".

Seguendo il sentiero bagnato dalla rugiada mattutina avvolti dal profumo di legna appena tagliata, i colori che s'incontrano sono quelli dell'autunno: le foglie secche, gli aghi di pino caduti, le fronde spoglie degli alberi; e concordano appieno con la luce calda del mattino in una perfetta assonanza interrotta solo dal chiaroscuro impenetrabile del bosco quando le file d'alberi s'infittiscono. L'assenza dell'eucalipto è quasi totale, mentre il sentiero penetra nel paesaggio seguendo le linee di un antico muro a secco mangiato dal muschio, che contribuisce alla percezione di trovarsi nel mezzo di un racconto fiabesco del novecento.

All'altezza di Parga s'incontrano i primi agglomerati contadini, perfettamente inseriti nel paesaggio dell'intorno e all'altezza di Miraz mi fermo per un *caffè con leche* in una caffetteria rurale, dove la proprietaria sta lavorando per costruire un accogliente ostello per i pellegrini di passaggio. "*Il Camino di Santiago in fondo è una forma come un altra di turismo; qui si vive della campagna, prendere a prestito la bellezza di questi luoghi e la bontà dei suoi prodotti per offrire un servizio alle persone, è un modo come un altro per guadagnarsi da vivere*" mi racconta la proprietaria.

Sono abituato a muovermi sui sentieri delle montagne e non ho difficoltà a trovare una scorciatoia per arrivare al piccolo borgo medievale di Miraz, dove si trova un altro *Albergue de peregrinos*. È uno scoglio di civiltà in mezzo al disegno della *naturaleza*, una presenza concessa all'uomo a patto di un rispetto reciproco del territorio. Così le case sono tutte in pietra, i cani sciolti lungo le strade, le mandrie al pascolo per le vie del paese, in una perfetta condivisione degli spazi. In cambio la natura dona agli orti piante rigogliose, legna da ardere ed erba fresca da brucare.

Passato il *pueblo* comincia una lunga salita verso O Ribeiro dove s'incontra una natura costellata da ampie distese di cespugli dai fiori ambrati, alberi fioriti, foreste di pini e colline di granito incrostate nella terra e livellate dal vento, dove gli animali pascolano in totale libertà. All'orizzonte una fila di pale eoliche sulla cresta della montagna indicano la direzione da seguire. L'incontro con la strada asfaltata coincide con il punto di massima salita del percorso dove la campagna si allarga a perdita d'occhio. Il dislivello è comunque ben spalmato e la salita piacevole. Dall'alto, come sempre, il quadro di sotto si arricchisce di pennellate più lunghe, di profondità nuove, di spazi sconfinati e respiri più ampi.

5 chilometri prima di Sobrado dos Monxes si attraversa il confine provinciale, finisce la *deputacion de Lugo* e inizia la provincia de *A Coruña*. La *Lagoa de Sobrado* preannuncia l'arrivo al paese. Si tratta di una laguna artificiale costruita dalla comunità religiosa del monastero di Sobrado tra il 1500 e il 1530, in cui confluiscono le acque di vari ruscelli; oggi diventato un rifugio ecologico per diverse specie lacustri.

Mi dirigo al Monasterio de Sobrado dos Monxes, attorno al quale nacque la località di Sobrado e dichiarato ufficialmente patrimonio dell'umanità dall'UNESO nel 2015. Qui passerò la notte.

Torno alla laguna dove mi fermo sul bordo dell'acqua a scrivere. Il gracidare insistente delle rane in un orecchio e nell'altro il lento ruminare dei bovini liberi al pascolo sui pendii. È il mio primissimo bagno nelle acque di una laguna. Il fondale è argilloso e si sprofonda fino alle ginocchia, le piante acquatiche spuntano in superficie dove nuotano le anatre, mentre gli aironi di lontano planano dolci a pelo d'acqua alla ricerca di pesce. Il quadro della giornata è finalmente completo.

ALBERGUES

MIRAZ
Albergue de peregrinos Miraz
Address: Corral da Fonte, s/n
Beds: 28
Phone: +34-982-19-49-33

SOBRADO DOS MONXES
Albergue de peregrinos Sobrado dos Monxes
Address: Monasterio de Santa María de Sobrado
Beds: 120
Price: 6 €
Phone: +34-649-671-753

31. SOBRADO DOS MONXES - ARZÚA
(23,1 km)

Prima notte passata all'interno di un monastero, quello di Sobrado, costruito in adorazione della figura di San Salvador durante il X secolo e di Santa María successivamente. Dopo averlo visitato la sera prima al buio, popolato di spiriti e di storia, alla flebile luce di una torcia da campeggio, la mattina ritorno all'interno della cappella abbandonata con il favore del sole. La luce irrompe dalle ampie finestre svelando le pareti in pietra coperte dal muschio che avanza, mentre dall'alto delle due cupole s'affacciano all'interno piante rampicanti e nidi di merlo. Sembra una cattedrale in adorazione alla natura, dove gli uccelli volano liberi all'interno e le piante crescono in totale armonia con la pietra. L'atmosfera è magica. Il silenzio totale. In questo luogo la preghiera trasuda dalla pelle senza nemmeno volerlo ed è una preghiera alla bellezza, una preghiera all'incanto. Andrea de Roma imbocca l'armonica e comincia a intonare qualche nota. Il suono rimbomba come in gabbia, si spande dappertutto come liquido rovesciato e non smette di fluire, appiccicandosi alla pelle e all'anima. Prendo anch'io la mia armonica e comincio a suonare. Le vibrazioni attraversano i muscoli, le ossa, per poi uscire dalle orecchie, dal naso. A occhi chiusi suono mentre la luce mi colpisce di lato, immerso in un mondo di note dove l'acustica diventa la preghiera migliore mai intonata.

La tappa odierna è caratterizzata dall'alternanza di continui sali e scendi talmente lievi da risultare praticamente impercettibili, che si alternano nella prima metà tra sentieri di terra battuta e *carretera* e nella seconda metà dominati invece dall'asfalto. La destinazione è quella di Arzúa (*2.665 abitanti*), circa a 40 chilometri da Santiago de Compostela e punto di unione tra Camino del Norte, Camino Francés e Camino Primitivo (che si unisce a quello francese circa 14 chilometri prima di Arzúa, nella località di Melide).

Il percorso sembra non avere nulla di nuovo da offrire all'occhio: si percorrono lunghi rettilinei di strada asfaltata deserta, dove la presenza degli animali al pascolo è maggiore di quella umana e perfino delle macchine. 2 chilometri prima della località di Boimorto (*485 abitanti*) si legge per la prima volta la scritta Santiago su un cartello stradale. Il termine del pellegrinaggio si avvicina inesorabile. Da qui in poi il turismo di massa portato dalla prossimità con il cammino francese comincia a farsi sentire sempre di più. Supermercati, ristoranti, taverne, ostelli, sono sempre più frequenti come mai prima lungo il Camino del Norte. Avvicinandosi al piccolo borgo di O Viso comincia una leggera salita fino al *pueblo*, attraverso campi verdissimi di foraggio, giardini in fiore e rustici; fino ad incontrare il lungo rettilineo che entra ad Arzúa. Qui tutto s'imbruttisce all'istante. Il centro urbano si è dovuto adattare all'afflusso folle dei pellegrini, trasformando completamente il profilo e l'atmosfera del paese, che di fatto è diventando un agglomerato di negozi a souvenir, ristoranti e alberghi per pellegrini. L'atmosfera magica e genuina che ha caratterizzato tutto il Camino del Norte fino ad ora, finisce ad Arzúa.

ALBERGUES

BOIMORTO
Albergue de peregrinos Boimorto
Address: A Telleira de Baiuca, s/n
Beds: 34
Phone: +34-638-39-20-24

ARZÚA
Albergue de peregrinos Arzúa
Address: C. Cima do Lugar, 6
Beds: 56
Price: 6 €
Phone: +34-660-39-68-24 / 981-50-04-55

32. ARZÚA - SANTIAGO DE COMPOSTELA (39,3 km)

Esistono diverse versioni della leggenda che racconta il ritrovamento del sepolcro dell'apostolo Santiago (*dal latino Sanctus Jacobus*) e della fondazione della città di Santiago de Compostela. Si tratta di sfumature di colore che la trasmissione orale e l'inchiostro dei calamai di coloro che le hanno raccontate nel corso del tempo, si sono tinte dei gusti derivanti dalle differenti personalità, dalle diverse tradizioni, come un telefono senza fili che inevitabilmente trasforma il messaggio iniziale. Ad ogni modo, uno dei resoconti più accreditati, contenuto nella *Legenda Aurea*, racconta che *Santiago el Mayor* (San Giacomo il Maggiore), uno dei dodici apostoli, figlio di Zebedeo di Galilea e fratello di Giovanni l'Evangelista, dopo la morte del Cristo iniziò la sua opera di evangelizzazione nella penisola iberica spingendosi fino alla remota regione di cultura celtica che oggi conosciamo con il nome di Galicia. Tornato in Palestina, nell'anno 44, venne fatto decapitare per ordine dal re Erode Agrippa, timoroso dell'eccessivo potere che l'apostolo andava accumulando. I suoi discepoli Attanasio e Teodoro ne raccolsero il corpo e lo trasportarono segretamente verso il porto di Jaffa, a Gerusalemme, dove apparve miracolosamente un'imbarcazione che navigò per sette giorni, sotto la guida di un angelo, verso i luoghi della sua predicazione fino a raggiungere il porto romano di Iria Flavia (Padrón) sulla costa gallega. Da qui il corpo viene trasportato da un carro di buoi fino al monte Libradón (*de Liberum Domun*) dove trova sepultura nella fitta macchia di foreste e boschi di quercia della Galicia.

Nei secoli successivi l'invasione araba, le persecuzioni e la proibizione di visitare il luogo fanno sì che della tomba dell'apostolo si perda memoria e traccia. Fino all'anno 813 quando l'eremita chiamato Pelayo (o Pelagio) è testimone, per diversi giorni, di strani bagliori simili a una pioggia di stelle cadenti che sembrano però sorgere dal colle, accompagnate da musiche celestiali. Furono probabilmente queste luci che diedero il nome al luogo: Compostela, da *Campus Stellae*, cioè "campo della stella" dove ora sorge l'attuale città di Santiago. Poi una notte apparve in sogno a Pelayo lo stesso San Giacomo, il quale gli rivelò che il luogo dove cadevano le stelle indicava la sua tomba. Avvisato di tale prodigio il vescovo di Iría Flavia, Teodomiro, ordinò il via agli scavi sulla collina di Compostela che in breve tempo portarono alla luce un piccolo monumento sepolcrale che conteneva tre corpi. Uno dei tre aveva la testa mozzata ed una scritta sul sepolcro recitava: *"Qui giace Jacobus, figlio di Zebedeo e Salomé"*.

Alfonso II el Casto, re delle Asturias e di Galicia, si recò personalmente da Oviedo, capitale del regno, a Compostela, diventando il primo pellegrino della storia, dove ordinò la costruzione del primo piccolo tempio in onore dell'apostolo che nel corso dei secoli diventerà la Cattedrale e intorno ad essa si svilupperà la città di Santiago de Compostela.

Per affrontare i quasi 40 chilometri che separano Arzúa dalla capitale della Galicia è possibile dividere in percorso in due tappe fermandosi per la notte all'*Albergue de peregrinos* di O Pedrouzo (*597 abitanti*) nel municipio di O Pino per poi affrontare i restanti 20 chilometri nel giorno successivo. La maggior parte dei pellegrini sceglie solitamente di percorrerli tutti d'un fiato per concedersi un meritato riposo al Monte do Gozo, appena 5 chilometri prima di Santiago de Compostela (*95.800 abitanti*), dove si trova il più grande albergo per pellegrini del Camino, con una capienza di 500 posti letto, un campeggio, ed un grande auditorio per concerti all'aperto. In effetti la tappa fino a Compostela non presenta particolari difficoltà e dislivelli, se non per la salita verso la località di Lavacolla e quella per raggiungere il Monte do Gozo (*385m*).

Lascio Arzúa nel cuore della notte quando tutti gli altri pellegrini dormono ancora. Sono accompagnato dal canto insistente dei pettirosso e dei merli che conferisce vigore all'acustica creata dal silenzio assordante della città che dorme, mentre una sottile falce di luna alta nel cielo illumina debolmente la via. Ho fretta di arrivare, è diventato più che mai un bisogno. La mia idea del Camino come l'ho avuta fino ad ora è finita. È finita l'unicità, l'eccezione, il viaggio inteso come avventura personale. Anche il rapporto con le persone che abitano questi luoghi è diverso, forse ormai troppo abituate alla moltitudine di pellegrini e probabilmente stanche di assistere allo spettacolo delle chiassose carovane umane che si dirigono a Santiago.

Ogni luogo è buono per lasciare un messaggio e così il percorso si riempie di scritte in ogni lingua che trasformano i sentieri in bacheche collettive. Così una pietra, un muro, il tronco d'albero, diventa bacheca ambulante su cui lasciare la propria traccia di presenza.

Anche la frequenza con cui s'incontrano le *flechas amarillas* è inflazionata, i segni sono ovunque. Mentre il sole lentamente sorge la mia idea di viaggio tramonta. È la giornata dei tramonti e della albe, delle cose che finiscono e di quelle che iniziano.

Superando le ultime case dalla città di Arzúa ci si riavvicina alla campagna verde gallega delle grandi fattorie, dei casolari e dei sentieri nel bosco dove autunno e primavera si mescolano in un'unica stagione. Il primo borgo che s'incontra è quello di Outeiro: uno stretto reticolo di sentieri ciottolati in pietra grossa che si snodano tra le casette rustiche accatastate una sull'altra, dividendosi lo spazio tra orti, balle di fieno e la legna accatastata per il prossimo inverno. Il percorso è piacevole e il paesaggio è quello tipico gallego dove si alternano piccole *aldee*, bosco e fattorie isolate da ettari di pascolo. Tutto sembra in sintonia con la natura e i suoi ritmi.

Arrivati a O Pedrouzo il cammino comincia a salire attraverso un parco industriale che ha sostituito quello che era un folto bosco occupato soprattuto da eucalipto, fino a raggiungere la parte alta del monte dove si estende l'aeroporto di Santiago de Compostela, nei pressi dalla località di Lavacolla. Qui, giunti quasi al termine del lungo viaggio verso Santiago, i pellegrini si lavavano nel fiume che attraversa il paese per purificarsi prima di entrare nella città santa.

Si prosegue costeggiando il recinto dell'aeroporto dove s'incontrano croci di legno incastrate tra le maglie della rete metallica di separazione, alcune tende da campeggio e scarpe abbandonate sulle cime degli alberi. Si ridiscende leggermente per poi risalire a spirale, all'altezza di Villamaior, per l'ultima scalata al Monte do Gozo.

Raggiungo la statua sulla cima della collina, eretta per commemorare la visita che Papa Giovanni Paolo II ha fatto il 19 agosto 1989, tenendo un discorso davanti ad una folla di giovani in occasione della Giornata Mondiale della Gioventù. Alla base della statua è stato raffigurato l'evento insieme ad alcuni momenti del pellegrinaggio di San Francesco d'Assisi avvenuto i primi anni del XIII secolo. Salgo fino a raggiunge un altro monumento: il Monumento ai Pellegrini, che ritrae due pellegrini mentre indicano con il dito alzato al cielo la città di Santiago. E finalmente le vedo in lontananza, per la prima volta, le tre guglie della Cattedrale di Santiago de Compostela, la meta, destinazione, il punto d'arrivo ultimo.

Gli ultimi 5 chilometri si ridiscende il colle dal versante opposto entrando nella città per la *rúa* San Pedro fino a raggiunge la Porta do Camiño che da l'accesso al *casco antiguo* di Santiago, nel cuore della capitale gallega alla Plaza del Obradoiro, circondata dai monumenti più rappresentativi di Santiago: la Catedral, il Palacio de Gelmirez, l'Hostal de los Reyes Católicos. Al centro della bellissima piazza, il cui nome fa riferimento ai cantieri che gli operai avevano installato durante la costruzione della Cattedrale, s'incontra il chilometro 0 di tutti i cammini a Santiago.

ALBERGUES

O PEDROUZO (O PINO)
Albergue de peregrinos Pedrouzo
Address: Pedrouzo
Beds: 120

MONTE DO GOZO
Albergue Público Monte do Gozo
Address: Monte do Gozo
Beds: 400
Phone: +34-660-396-827

SANTIAGO DE COMPOSTELA
Albergue de Peregrinos San Lázaro
Address: Rúa San Lázaro, s/n
Beds: 80
Phone: +34-981-571-488

Albergue Fin del Camino
Address: Rúa de Moscova, s/n
Beds: 110
Phone: +34-981-587-324

Albergue Seminario Menor La Asunción
Address: Avenida Quiroga Palacios, s/n
Beds: 177
Phone: +34-881-031-768

Roots and Boots Hostel
Address: Rúa do Cruceiro do Gaio, 7
Price: 14€
Phone: +34 699 63 15 94

CAMINO DE FISTERRA - MUXÍA

Anche conosciuto con il nome di *Prolongación Jacobea a Fisterra-Muxía*, per il fatto di essere l'unico percorso che vede la città di Santiago de Compostela come punto di partenza e non di arrivo, il cammino per raggiungere le località di Fisterra (*Finisterre in castellano*) e Muxía è un'estensione antica del pellegrinaggio jacobeo verso il confine ultimo con l'Oceano Atlantico, dove si pensava che la terra avesse fine e oltre ad essa ci fosse solamente l'ignoto. Il percorso completo è di 146 chilometri. Da Santiago de Compostela al Cabo de Fisterra sono 86 chilometri, mentre a Muxía sono 88. I primi 59 chilometri sono comuni ai due percorsi che si dividono presso la località di Hospital, lasciando al pellegrino la possibilità di scegliere la propria meta. Il cammino si completa con i restanti 31 chilometri che seguendo il profilo della costa collegando Fisterra a Muxía e viceversa.

Già a partire dal XII secolo il *Codex Calixtinus* vincola il Camino alla tradizione jacobea. Il libro racconta che il corpo dell'apostolo Santiago arriva dalla Palestina a Iria Flavia (Padrón), trasportato su un'imbarcazione dai suoi discepoli, i quali chiedono l'autorizzazione alla Reina Lupa per seppellire la salma nelle terre dell'attuale Compostela. Vengono indirizzati nella località di Dugium, nelle prossimità di Fisterra, per chiedere l'approvazione del rappresentante romano dell'epoca che invece ordina il loro arresto. Dugium si identifica con l'attuale parrocchia di

Duio, località del municipio di Fisterra, che la leggenda racconta venne fatta sprofondare nelle acque dell'Atlantico dalla volontà divina per punire il comportamento malvagio dei suoi abitanti.

Durante la notte però un angelo aprì la porta della cella permettendo ai discepoli di fuggire. Inseguiti dalla truppa romana, quando erano ormai sul punto di venir catturati, attraversarono un ponte che crollò al passaggio dei soldati, i quali morirono annegati nelle acque del *río*.

Altre sono le storie e le leggende che vincolano le terre di Fisterra con il culto jacobeo, due luoghi in particolare rinsaldano questo vincolo più di altri, diventando il motivo caratterizzante della peregrinazione. Uno è il *Cristo de Fisterra*, l'altro il culto al santuario de *A Virxe da Barca (Virgen de la Barca in castellano)* a Muxía.

Questo segmento di costa gallega, considerata dagli antichi come l'ultimo punto di terra conosciuta, il confine estremo occidentale dell'Europa, nonché il tratto finale di un itinerario segnato nel cielo dalla Via Lattea che aveva nel Cabo de Fisterra la sua appendice ultima, era conosciuto e temuto già durante le epoche delle antiche civiltà navigatrici dei fenici, dei greci, dei cartaginese e dei romani.

Le teorie esoteriche sull'origine ancestrale del Camino de Santiago, in particolare modo di quello *Francés*, sono concordi nell'affermare che la rotta jacobea sia in realtà il riflesso terrestre della Via Lattea, una sacra via stellare i cui estremi rappresentavano nel mondo antico una porta per le stelle che conduce verso la dimora degli dei.

Il toponimo con cui la conosciamo oggi: *Costa da Morte (Costa de la Muerte in castellano)* ha però origini molto più recenti. La comarca della Costa da Morte si colloca nella provincia di La Coruña estendendosi dalla località di Carballo fino al Cabo de Fisterra. Il termine fa riferimento alla grande quantità di catastrofi navali e naufragi avvenuti a finale del XIX secolo, dovuti alla pericolosità delle scogliere, ai frequenti temporali, alle zone di bassa marea e ai repentini cambiamenti climatici del tratto di costa dell'arco finisterrano. Il toponimo Costa da Morte compare per le prima volta nel diario El Noroeste, il 14 gennaio 1904 dalla piuma dello scrittore José Lombardero Franco, che utilizza svariate volte il termine in riferimento al naufragio del Yeoman, nella località di Camelle. Immediatamente è copiato dai quotidiani nazionali come La Voz de Galicia, Heraldo de Madrid e El Imparcial. Nel 1907 si trova il primo riferimento in inglese del termine (*Coast of Death*) nel diario della scrittrice Annette Meaking. Alcune teorie sostengono però che il toponimo fosse utilizzato già dagli inglese sul finale del XIX secolo in riferimento a uno dei più terribili naufragi avvenuto all'imbarcazione inglese HMS Serpent sulla Punta do Boi, nella località di Camariñas, che causò la morte di 172 persone.

Nonostante le tragedie passate e la pessima reputazione della sue acque, la Costa da Morte possiede un paesaggio di una bellezza eccezionale, un luogo simbolico carico di miti e leggende, con le sue spiagge deserte e le ampie scogliere sull'oceano, dove gli antichi pellegrini si soffermavano a riflettere, con lo sguardo teso verso l'ignoto di quell'orizzonte che inghiottiva il sole, su cosa si trovasse dall'altra parte.

01. SANTIAGO DE COMPOSTELA - NEGREIRA (21 km)

Santiago de Compostela è il punto di congiunzione di tutti gli itinerari jacobei, il bandolo della matassa di ogni pellegrinaggio: il Camino del Norte, il Camino Primitivo, il Camino Francés, il Camino del Sudeste (*Vía de la Plata*), il Camino Inglés e il Camino Portugués, che come tanti fili si dirigono verso il nodo centrale che gli tiene uniti. Tutti tranne uno: il Camino de Fisterra-Muxía che vede Santiago come punto di partenza e non di arrivo. Comincia ufficialmente dal chilometro zero della plaza de O Obradoiro, prosegue attraverso quella che una volta era la *puerta del Peregrino o de la Trindade,* tra il Pazo de Raxoi e l'Hostal dos Reis Católicos, per allacciarsi alla *rúa* das Hortas che conduce fuori il centro abitato. Si attraversa la verde campagna alla periferia di Santiago e immediatamente ci si trova immersi nello splendido bosco di querce centenarie bagnato dalla rugiada mattutina della Carballeira de San Lourenzo.

Le segnaletica del cammino cambia: le *flechas amarillas* sono seguite dalla lettera F oppure dal nome Finisterre o Fisterra scritto per intero. Il pellegrinaggio ritrova il suo ritmo naturale come il respiro ampio che si normalizza dopo la corsa; non congestionato dall'afflusso dei pellegrini che decidono di fermarsi a Santiago senza proseguire, oppure di raggiungere Fisterra e Muxía con i trasporti. Diminuiscono le strutture turistiche, i centri abitati, i grandi agglomerati, e nuovamente il cammino lento e silenzioso, dove la presenza umana è un'eccezione alla natura, ritrova la sua armonia con il tutto.

Il cammino ridiscende fino al Ponte Sarela sopra l'omonimo río, affluente del fiume Sar, per poi risalire lungo le ampie valli folte di vegetazione, dove la campagna scompare e le case si confondono tra le basse fronde degli alberi. I borghi che s'incontrano hanno conservato intatto il loro profilo medievale. I muri della case sono in pietra viva, i giardini ospitano alberi d'uva e fichi. Le pecore libere al pascolo nelle strade si muovo da sponda a sponda alla ricerca dei teneri ciuffi d'erba da brucare.

Una volta raggiunto Alto do Vento si ridiscende il fondovalle entrando nel municipio di Ames fino ad Aguapesada dove inizia il dislivello più significativo della tappa sulla strada asfaltata che porta all'Alto do Mar de Ovellas (*272m*). Da qui in poi il percorso comincia la sua discesa nella valle di A Maía, tra le vie alberate del bosco su sentieri battuti e qualche tratto di *carretera*. Superiamo i centri abitati di Carballo, Trasmonte, Reino e Burgueiros e attraversiamo il río Tambre sul leggendario ponte medioevale di A Ponte Maceira (*66 abitanti*). Sembra infatti che sia proprio questo il ponte che il *Codex Calixtinus* racconta sia crollato miracolosamente permettendo la fuga dei discepoli di Santiago inseguiti dai soldati romani, dopo essere scappati con l'aiuto divino dalla prigione in cui erano stati rinchiusi. Oltre allo storico ponte che unisce la due parti del *pueblo* divise dalle acque, la stessa *aldea* di A Ponte Maceira rappresenta uno dei luoghi più armoniosi e spettacolari dell'intero percorso.

Si segue il corso del río Tambre fino ad arrivare a Negreira (*7.079 abitanti*), il paese con la maggior popolazione di tutto il cammino prima della costa.

All'entrata del paese si passa di fronte al palazzo di A
Chancela sul cui scudo è rappresento il ponte crollato
sopra il Tambre che diede la libertà ai discepoli
dell'apostolo.

167

ALBERGUES

NEGREIRA
Albergue de Negreira
Address: Patrocinio, s/n
Beds: 20
Price: 6 €
Phone: +34-664-081-498

02. NEGREIRA - OLVEIROA (33,4 km)

Lascio Negreira quando la notte è ancora viva, sotto la luce flebile delle stelle e l'occhio della luna velato dallo strato sottile della foschia. L'*albergue de peregerinos* si trova dall'altra parte del río Barcala, affluente del Tambre, nella piccola *aldea* di Negreiroa che fu il nucleo originario da cui si sviluppò la città. Il percorso prosegue per i sentieri dell'antico *Camiño Real* a Fisterra, salendo in direzione di Cornovo. Testimoni della storia di questo segmento di cammino sono i toponimi delle località che s'incontrano, come le località di Camiño Real e Portocamiño.

Mi muovo a tastoni sul terreno ricoperto di *barro* (fango) per non finire nelle pozze nascoste dalla notte. Solo quando la maglia nera dell'oscurità si solleva, i lampioni cominciano a spegnersi e la luce del nuovo giorno filtra timida dal banco di nebbia che si abbassa sull'orizzonte. Il percorso si trasforma in un'angusta galleria che concede alla vista solo una piccola finestra di paesaggio intorno, inghiottito dalla foschia color latte che anestetizza la realtà. Lentamente anche gli occhi cominciamo a riabituarsi alla luce diurna, mentre la pioggia inizia a cadere sempre più insistentemente.

Si attraversano piccoli borghi circondati dalla campagna arata, campi di bambù tagliato su sfondo *amarillo* e alti casolari abbandonati. Le pale eoliche dominano le creste dell'intono emergendo dalla nebbia come fantasmi silenziosi. Poi il cielo a poco a poco si scoperchia, la foschia si dirada e il paesaggio s'arricchisce gradualmente di nuove forme e colori. Anche il punto di fuga della strada che percorro s'allarga in un più ampio respiro. La superficie ondulata del paesaggio si divide tra le immense praterie dei campi falciati e da falciare, dove spuntano alberi solitari come vecchi eremiti del deserto; campi di grano, di ginestre e tratti di vegetazione autoctona dove dominano i boschi di pini ed eucalipto. Allo stesso modo l a *carretera* deserta e i lunghi e diritti sentieri che delimitano un campo dall'altro, si spartiscono il tracciato da percorrere.

La località di Cornado, ultimo centro abitato del municipio di Negreira, segna l'inizio della salita verso il Monte Arno (*556m*), uno dei luoghi di maggior interesse paesaggistico della tappa.

Questo tratto di percorso si caratterizza anche per la presenza di una genuina architettura popolare che è sopravvissuta inalterata in molti centri abitati, come gli *horrerós* di As Maroñas o la chiesa romana di Santa Mariña.

Più si sale verso l'alto più l'arazzo della campagna di sotto si compone di nuovi pezzi e tutto il lavoro svolto nelle piccole costellazioni abitate per falciare le distese di foraggio alla fine converge nelle grandi stalle e negli stomachi del bestiame.

La ridiscesa verso la Valle de Xallas apre allo sguardo un panorama ampio dove risalta il lago artificiale dell'Encoro da Fervenza incastonato perfettamente nella natura dell'intorno, che si stende in lontananza sotto le nubi minacciose che tornano ad addensarsi sul profilo della nuova vallata. Il lago diventa allo stesso tempo miraggio e preludio del rincontro prossimo con l'acqua e l'Oceano Atlantico.

Superato il centro abitato di Mallón si attraversa il ponte sul río Xallas che divide i municipi di Mazaricos e Dumbría. Infine si raggiunge la parrocchia medioevale di Olveiroa (*153 abitanti*) che conserva il suo tradizionale e profondo carattere contadino, punto d'arrivo della seconda tappa sul Camino de Fisterra-Muxía.

ALBERGUES

VILASERÍO
Albergue Municipal de Vilaserío
Address: Vilaserío
Beds: 14
Phone: +34-648-792-029

OLVEIROA
Albergue de Santiago de Olveiroa
Address: Olveiroa
Beds: 34
Price: 6 €
Phone: +34-658-045-242

03. OLVEIROA - FISTERRA (35 km)

"Peñón gigante,
hincado en el hondo mar,
cuya cima se levanta
al cielo como un altar.
Finisterre, costa brava,
que llaman de la muerte,
el Santo Cristo nos valga
para pasarla con suerte."

(Rocca gigante,
inginocchiata nel mare profondo
la cui cima s'innalza
al cielo come un altare.
Finisterre, costa tumultuosa,
che chiamano della morte,
il Santo Cristo ci protegga
per attraversarla con sorte)

[Himno al Santo Cristo de Finisterre]

L'immagine del Santo Cristo de Fisterra, volgarmente chiamato anche *Cristo da barba dourada (Cristo dalla barba dorata)*, è avvolta nel mistero delle leggende che piuma e calamaio hanno intessuto nel corso dei secoli attingendo alla memoria popolare. E sono proprio queste storie che hanno convertito la scultura gotica del Cristo, conservata nella Iglesia de Nosa Señora das Areas (*Iglesia de Nuestra Señora de las Arenas in castellano*) lungo la salita che conduce al cabo e al faro de Fisterra, in uno dei crocifissi più famosi di Spagna, insieme a quelli di Ourense e Burgos, scolpiti probabilmente dalla stesso scalpello. Una delle più conosciute assicura che al Cristo crescono regolarmente capelli, barba e unghie e che la sua pelle sudi di tanto in tanto, oltre ad attribuire all'immagine miracolose capacità di guarigione degli infermi e protezione dalle sfortune.

Due sono le storie più accreditate riguardando l'origine e l'arrivo del Santo Cristo sulla Costa da Morte. La prima affonda le sue radici nella leggenda, mentre la seconda cerca gli indizi e le tracce di una realtà storica verificabile per trarre le sue conclusioni.

Racconta la leggenda che la statua del Santo Cristo, scolpita da Nicodemo, testimone diretto della Passione di Cristo, stava viaggiando su di un'imbarcazione probabilmente inglese sulle acque della Costa da Morte, nell'arco finisterrano, quando si scatenò una violenta tempesta improvvisa. L'equipaggio cercò di alleggerire la nave per resistere alle onde, gettando parte del carico in mare, tra cui la statua del Santo Cristo. Quando però questa toccò l'acqua la tempesta si placò immediatamente e il fatto venne interpretato come la volontà dell'opera di fermarsi in quel luogo, ai confini del mondo. Viene perciò portata ai piedi del Cabo de Fisterra, nel luogo conosciuto come *Ara Solis*, dove anticamente si trovava un altare dedicato al culto del Sole. La simbologia è chiara: viene cristianizzato il mito del sole come protagonista della morte e della rinascita, relazionandolo con la figura del Cristo, considerato la luce del mondo (*ego sum lux mundi*), que muore e resuscita per il bene dell'umanità.

La versione realista invece collega la storia del Santo Cristo con la figura di Vasco Pérez Mariño, vescovo di Ourense, ma originario di Fisterra, il quale fece realizzare una copia del Cristo custodito nella cattedrale della propria diocesi, per donarne uno d'identica bellezza alla terra natia. Tuttavia gli studiosi non sono affatto concordi su quale sia in realtà la copia e quale l'originale, accrescendo così ancor più il mistero della santa scultura.

Lascio Olveiroa seguendo il corso del río Xallas inginocchiato sul fondovalle, coperto da una fitta coltre di nubi basse che lascia filtrare solo il suono dolce della corrente. Dall'altra parte della sponda una fitta foresta "tropicale" bagnata dalla rugiada s'intuisce nella foschia, lasciando all'immaginazione di chi osserva il compito di completarla. Il sentiero incorniciato di ginestre attraversa il río del Hospital, immergendosi nel fitto della vegetazione di eucalipto e pini marittimi. Si supera la località di Logoso, poi quella di Hospital, dominata da una grande fabbrica che spande il suo fumo nel cielo; fino alla rotonda che divide il cammino, poco distante. A sinistra Fisterra (*4.959 abitanti*), a destra Muxía (*5.068 abitanti*). Lascio decidere la sorte al lancio della moneta, alla casualità o forse al destino: testa Fisterra, croce Muxía. Testa, Fisterra, verso l'estremo occidente conosciuto fino alla scoperta del Nuovo Mondo.

Ricomincia la campagna lunga che cerca spazio tra le file degli alberi, ricominciamo i lunghi rettilinei, gli orizzonti lontani, passando nella prossimità del santuario di A Nosa Virxe das Neves e dell'eremita di San Pedro Mártir. Raggiunto l'alto di O Cruceiro de Armada (*247m*).

Per la prima volta in lontananza s'intravede la lingua di mare che diventa cielo su cui sorge la sagoma "fuori fuoco" del cabo de Fisterra, appendice ultima della Galicia.

Il bosco inghiotte completamente la ridiscesa verso il mare fino al litorale di Cee (*4.090 abitanti*), ancora di civiltà immersa nell'immensità della natura, dove il vento del nord torna a soffiare sulla pelle. Poco distante, adagiata sulla piccola penisola formata dall'Océano Atlántico lungo la riva frastagliata, si trova Corcubión (*1.822 abitanti*), il cui *casco antiguo* è stato dichiarato *Conjunto Histórico-Artístico* nel 1985. Corcubión è un piccolo 'balcone' che si affaccia sul mare bagnato dal sole di una primavera ormai sbocciata, dove i gatti passeggiano liberi per le vie strette.

Il percorso prosegue seguendo il gomito della costa che risale improvvisamente verso l'ultimo dislivello rilevante della tappa, superando in ordine i paesi di Vilar, Amarela e Estorde, fino a Sardiñeiro. Mi fermo per un bagno nel mare calmo e azzurrissimo della costa, il primo nella comarca della Costa da Morte, uno dei litorali di più belli della penisola iberica e allo stesso tempo uno dei più pericolosi. Quando comincia la ridiscesa verso il livello del mare, l'oceano diventa infinito, coprendo tutto a perdita d'occhio. Le costole delle montagne si aprano come un corridoio sull'immensità del mare che ritorna e finalmente eccola Fisterra, in una finestra di cielo limpidissimo, adagiata sullo sperone di costa che divide il mare. Sulla punta più estrema il profilo del faro domina la costa, chilometro zero del Camino.

Si segue il bordo dell'oceano attraversando un corridoio di cespugli e ginestre che conduce alla lunga playa de A Longosteira. Attraversate le dune dell'arenale si entra a Fisterra per il *barrio* di San Roque, proseguendo sugli ultimi 3 chilometri che si arrampicano verso il faro per aspettare il tramonto. Qui la tradizione jacobea s'intreccia ai rituali degli antichi pellegrini che sulla costa abbandonavano il proprio passato: bruciando gli indumenti indossati durante il pellegrinaggio, raccogliendo una *vieira* (conchiglia simbolo del pellegrino) dalla banchisa e bagnandosi nelle acque del mare, per trasformarsi in uomini nuovi dopo un così lungo cammino.

Anch'io mi siedo sugli scogli della costa con il mio amico di viaggio Andrea de Roma e due bottiglie di vino ad aspettare quel Sole che affascinava e incuteva terrore allo stesso tempo nel cuore degli antichi pellegrini quando l'osservavano immergersi nel mare. Un Sole simbolo di speranza, di rinascita, di nuova vita. Un Sole che diventa infinito verso l'ignoto del non conosciuto, su questo triangolo di terra che i romani avevo chiamato *finis terrae*, la fine della terra.

ALBERGUES

CURCUBIÓN
Albergue San Roque
Address: Vilar
Beds: 12
Phone: +34-679-460-942

FISTERRA
Albergue de Peregrinos Fisterra
Address: Real, 2
Beds: 36
Price: 6 €
Phone: +34-981-740-781

04. FISTERRA - MUXÍA (31 km)

La bocca del mio stomaco letterario è chiusa. Un'altra volta perdo aggettivi, metafore e allegorie per descrivere il tratto costiero della Costa da Morte, in quest'ultima tappa del mio Camino de Fisterra-Muxía. La penna che stringo tra le dita si rifiuta d'imprimere il suo segno sulla carta, è un'inchiostro ribelle che si ritorce contro, quasi ad ammonire l'assurda volontà dello scrittore d'imbrigliare il mare in parole, di descrivere il paesaggio con similitudini, di dare voce a stati d'animo silenziosi. Così raccolgo solo qualche straccio di sillaba, sistemo qualche consonante e vocale in fila finché l'inchiostro lo permette, come un cronista che butta giù qualche appunto veloce per riempire la carta e avere qualcosa da raccontare al suo ritorno.

Il percorso da Fisterra risale verso la parrocchia di San Martiño de Duio, dove la tradizione jacobea colloca la leggendaria città romana di Degium, dove vengono mandati dalla regina Lupa i discepoli con il corpo dell'apostolo Santiago per chiedere il permesso alla sepultura della salma a Compostela.

Il mare è onnipresente lungo tutto il tragitto, tra piccole *aldeas*, boschi di conifere e coltivazioni di mais. Diventa una presenza tangibile che rivela tutta la sua bellezza nel momento dell'addio, come un prolungato saluto al pellegrino prima del ritorno. Così è la spettacolare costa de Lires, dove si adagiano le acque del río Castro, atto infinito d'amore tra terra e mare. Fino a raggiungere l'altura di

Facho de Lourido, il punto più alto della tappa e antica torretta utilizzata per avvistare in passato i pericoli e le minacce provenienti dal mare. L'ultima ridiscesa che conduce alla città marittima di Muxía (*6.640 abitanti*), passa per la località di Xurarantes e la poco distante playa de Lourido, prima di entrare finalmente nel paese.

Narra la leggenda che l'apostolo Santiago el Maior, durante la sua opera di evangelizzazione ai confini del mondo, desolato per il poco esito delle sue parole sulle popolazioni pagane in terra gallega, si spinse sull'appartato litorale di Punta Xaviña, per riflettere. Qui scorse una barca avvicinarsi alla costa, una barca fatta completamente di pietra, compresa la vela, su cui viaggiava la Vergine Maria che lo consolò e gli diede animo, annunciandogli che la sua opera di evangelizzazione era ormai conclusa e il seme della fede da lui portato in terra pagana sarebbe presto germogliato. Dopo l'incontro la barca della Vergine si fermò per sempre su quella costa, dove, fronte al mare, sorge a memoria di quell'incontro il *Santuario da Virxe da Barca*.

Per raggiungere il santuario dal centro di Muxía si prosegue costeggiando il Monte Corpiño, lungo il Camiño da Pel (*Camino de la Piel in castellano*), così chiamato perché nelle vicinanze sorgeva una fonte in cui i pellegrini si bagnavano per purificarsi prima di entrare nel Santuario, si supera l'impressionante distesa di scogli della costa dove si trovano i resti della mitica imbarcazione di pietra, come la Pedra de Abalar e la Pedra dos Cadrís (la vela maestra) e finalmente, fronte alla forza bruta dell'oceano, si arriva alla fine del viaggio.

Qui, ci si prepara per assistere al nuovo spettacolo del

tramonto sull'oceano e qui, ancora, la penna si ferma e l'inchiostro si prosciuga sulle pagine bianche di una storia che bisogna solamente vivere.

181

ALBERGUES

MUXÍA
Albergue de peregrinos Muxía
Address: Rúa Enfesto, s/n
Beds: 32
Price: 6 €
Phone: +34-610-264-325

BIBLIOGRAFIA

Los Caminos del Norte a Santiago (Eusko Jaurlaritzaren Argitalpen Zerbitzu Nagusia, 2012)

Il Cammino di Santiago - Dai Pirenei a Finisterre per Santiago de Compostela (Touring Editore)

El Camino de Santiago a Fisterra y Muxía (Associacion Neria, 2011)

WEBGRAFIA

www.turgalicia.es
www.wikipedia.org
www.wikicamino.org
www.camino.xacobeo.es
www.xacopedia.com
www.caminodesantiago.consumer.es
www.arcadia93.org

INDICE

Made in the USA
Monee, IL
07 July 2026